중국주식,
시진핑의 정책에
투자하라

김선영 지음

일러두기

- 책 본문에 나오는 지명, 인명, 제품명은 중국어발음으로 표기하되, 외래어표기법에 따랐습니다. (예: 북경→베이징, 뢰군→레이쥔)
- '상해 A주'와 '심천 A주'에는 지명(地名)이 포함되어 있지만 독자의 편의를 위해 더 많이 알려져 있는 명칭인 '상해 A주', '심천 A주'로 표기하였습니다.
- 기업명은 한자발음으로 표기하는 것을 원칙으로 하되, 중국어발음으로 더 알려진 기업명은 중국어발음으로 표기하였습니다. (예: 소미→샤오미)
- 도표자료는 CCZC(CC租车, www.cczc.hk), Wind Information, 국자위, 바이두, 블룸버그, 상하이거래소, 상하이공항, 신영증권 리서치센터, 신화통신, 아이리서치[iResearch], 유로모니터, 재정부, 주중대사관 재경관, 중국공신부, 중국교통운송부, 중국국가통계국, 중국산업연구망, 중국상무부, 중국인터넷데이타센터(CNNIC, 中国互联网络信息中心), 중국자산품질연구원, 중국재경보, 중국환경부, 하나금융연구소 자료를 참고하였습니다.

중국주식,
시진핑의 정책에
투자하라

김선영 지음

이레미디어

기업편_
기업의 이해가 투자의 시작이다

전환기의 중국경제,
투자기회의 사이클이 몰려온다

중국투자는 정책에서 시작한다

2015년, 중국증시는 예측이 힘들 정도로 변동폭이 크다. 그야말로 탐욕과 공포가 공존하는 매력적인 시장답게 증시가 오르락내리락하고 있다. 이럴 때일수록 중국을 더 많이 공부하고, 더 많은 정보를 찾아야 한다. 중국에 맞서 싸우지 말고 중국 등에 올라타야 한다.

그러면 어떻게 중국을 공부해야 할까? 평범한 투자자가 중국을 공부하겠다고 무작정 중국에 가서 살 수는 없다. 결국 저급이든 고급이든 수많은 정보를 접하고 그것을 분석하고 자신만의 시각으로 완성할 수 있어야 한다. 서점에만 가도 중국투자 관련 책들이 수십 권이다. 2014년 11월에 시작된 후강통에 맞춰 정말 많은 책들이 나왔었다. 그런데 그중에서 '진짜 중국'을 알려주는 책은 얼마나 될까?

하지만 중국투자의 진짜 핵심은 바로 '정책'이다. 업계 1위의 기업도 하루아침에 몰락하는 곳이 중국이고, 간신히 유지만 하던 꼴찌기업이 1등 되는 곳도 중국이다. 중국투자는 당장의 주가등락에 일희일비하기보다 중국정부가 내놓는 정책부터 살펴야 한다. 자잘한 것들을 신경쓰기보다 큰 흐름을 봐야 한다. 수급보다 정책이 우선하는 나라 중국. 이제 중국정부, 더 나아가 중국 국가주석 시진핑을 주목해야 한다.

여의도 증권가에서 중국경제를 다루는 수많은 애널리스트 중에서 저자는 거의 최초로 중국 수뇌부들의 정치색을 경제와 연관시켜 해석해왔다. 신영증권에서 중국전략을 담당하는 저자는 10년 동안 중국만 연구한, 그야말로 중국통이다. 지난 10년 동안 해당 분야에서 독보적인 연구를 했기 때문에 그것이 뒷받침되어 중국경제와 중국 주식시장을 보는 눈이 탁월하다. 자칫하면 풀어내기 가장 어려운 부분인 중국의 정치와 정책을 쉽게 술술 풀고 있다.

후강통과 선강통, 중국주식 투자의 방향성을 제시하는 책

2014년 말 후강통에 이어, 늦으면 2016년에는 선강통까지 개방된다. 그야말로 중국시장의 문이 활짝 열리는 것이다. 우리에게는 인구 13억 6천만의 엄청난 내수시장을 보유한 중국시장에 직접적으로 투자할 수 있는 큰 기회인 것이다.

그런데 중국경제의 경착륙 우려 때문인지 선강통이 언제부터 시행될지는 아직은 불투명하다. 거기다 지난 몇 달 만을 놓고 보면 방향성을 예측하기 힘들 정도로 변동폭이 컸고, 정보는 아직도 제한되어 있어 갈피를 잡기 어려운 상황이다. 정보가 공개되더라도 이를 해석하기가 쉽지 않다. 하루 만에 8% 이상 급락을 하고, 하루 만에 1천 개가 넘는 기업이 거래정지가 되기도 한다. 그다음 날은 2천 개에 가까운 기업의 주가가 하한가를 치기도 한다. 단 몇 시간 만에 주가가 급등과 급락을 반복하고, 다음날이 되기가 무섭게 상황이 변한다. 이게 2015년 여름에 중국증시에서 일어났던 일들이다. 우리나라 인구의 2배에 달하는 9,600만명의 주식투자가가 시장에 드나들고 이 중 85%가 개미들이다 보니 한 방향으로 쏠리면 걷잡을 수 없는 '양떼 효과'가 나타나는 것이 중국증시의 특징이다. 이러하니 다들 2008년의 상황이 되풀이되는 것은 아닌지 전전긍긍이다. 성질 급한 서방 언론들은 중국으로 인한 세계경제 파국을 예고한다.

하지만 중국투자는 이제 시작일 뿐이다. 서방의 기술적 분석은 애초에 중국에 맞지 않았다. 왜냐하면 중국은 시장이 아니라 정책이 변수이기 때문이다. 저자가 '수급보다 정책이 우선하는 나라'라고 하는 것은 괜히 하는 말이 아니다. 이 책은 중국의 정치적인 상황과 앞으로의 변동 가능성에 주력하고 있다. 향후 경기와 정책의 방향성을 심도 있고 세밀하게 짚어내고 있다. 중국의 경기와 정책의 변화를 예상하여 유망산업과 기업, 그리고 그것이 증시에 어떻게 영향을 끼치는지 알려준다. 탑다운 방식의 중국을 볼 수 있는 하나의 틀을 제시하고 있다. 10년 동안 중국의 정치와 경제를 연구한 저자의 탁월한 안목을 엿볼 수 있다.

정책으로 접근하는 중국주식 투자전략, 반드시 필요하다

주식투자를 하는 방법은 다양할 것이다. 투자자마다 자신만의 투자전략이 있을 것이다. 투자 아이디어도 그럴 것이다. 하지만 중국투자에 있어서만큼은 중국정부의 정책이 중요하다. 시진핑 정부가 실시하는 수많은 개혁들을 보면 향후 경제에 미칠 영향은 어마어마하고 막대하다. 선강통을 앞두고 있는 지금은 경제기사보다 시진핑의 발언들과 리커창이 가리키는 곳을 봐야 한다. 그곳에 중국투자의 답이 있다.

중국 국가주석 시진핑은 취임 때부터 '중국의 꿈中國夢'을 이야기했다. 중국의 꿈은 단순한 말이 아니다. 적어도 시진핑의 임기인 2022년까지 중국이 나아가는 방향이다. 중장기적으로 중속성장을 유지한다는 말은

허투루 하는 말이 아니다. 알리바바, 텐센트 등 인터넷+로 대표되는 서비스와 첨단산업을 육성하고, 일대일로를 통해 세계를 향해 나아가며, 국유기업을 개혁해 비효율을 제거하고 있다.

2015년 10월, 중국투자 중요 이슈들이 대기 중이다. 10월에 열리는 중국 공산당 18기 5중전회와 13.5계획 입안, 12월 초 경제공작회의 등이 그것이다. 이러한 이슈들이 중국경제에 영향을 미치고 세계경제에 영향을 미치는 것이다. 그래서 중국주식에 투자하려면 정책으로 접근해야 하는 것이다. '수급보다 정책이 우선하는 나라 중국'임을 늘 염두에 둬야 한다. 정책적 접근은 중국기업들을 분석하는 가장 안전한 방법이면서 가장 필요한 방법이다.

저자와 나의 인연은 저자가 중국 최고 4대 명문대 중의 하나인 상하이교통대에 재학하던 시절부터 시작되었다. 그 인연이 저자의 첫 직장에서 본부장과 애널리스트로 이어졌고, 중국을 같이 연구하는 동반자로 발전해 지금에 이르렀다. 저자가 중국담당 애널리스트로 첫발을 내딛던 시절부터 한국 여의도에서 대표적인 중국통 애널리스트로 성장한 오늘까지, 꾸준하게 중국을 연구하고 발전하는 모습을 옆에서 지켜본 바 감개무량하다. 저자가 10년간 연구한 결실이 이 책에 담겨 있다. 중국을 알기 위해 중국으로 건너가 공부한 전문가의 책, 꼭 필요한 중국의 모든 부분이 다뤄진 책, 정책으로 접근하여 중국주식 투자의 방향성을 제시해준 책이다. 중국을 공부하기 위한 사람이나 중국주식에 투자하는 투자자라면 반드시 일독을 권한다.

전병서
중국경제금융연구소장,
《중국의 대전환, 한국의 대기회》 저자

중국은 정치와 경제가
뫼비우스의 띠처럼 연결되어 있다

짝퉁과 꽌씨, 지금까지 중국을 대표하는 단어였다. 하지만 지금 우리는 중국에 열광한다. 춘절, 국경절 연휴가 되면 중국 관광객들인 요우커를 맞느라 분주하고, 요우커 관련주가 또 다시 상한가를 거듭한다. TV에서는 연이어 중국 관련 다큐멘터리가 히트를 치고, 예능프로그램에서도 중국어가 들린다. 메르스와 엔저 현상으로 요우커들의 발길이 일본 등의 타지역으로 향했다는 소식에 상인들과 관광업계는 걱정에 휩싸인다. 그만큼 요우커 증감 여부에 우리나라 상권이 휘둘리고 있는 것이다. 2015년 상반기 중국의 경제성장률이 예상치를 상회한 7.0%를 기록했다. 어떤 이들은 중국 통계국에서 발표하는 이 숫자를 의심하면서도 13억 6천 명이라는 인구의 힘, 광활한 대륙이 품고 있는 자원, 그리고 막대한 자본력과 그들의 성장잠재력에는 동의하고 있다.

중국 주식시장은 롤러코스터와 같다. 가격제한폭이 10%인데, 단 하루 동안 10% 이상의 변동폭을 보이는 날도 있다. 어떤 이슈가 나타나면 하락장세로 출발하여 낙폭을 키우다가 오전장을 마무리하는가 싶더니, 오후가 되면 중국정부 당국이 루머를 부인하며 시장을 안정시키기도 한다. 그렇게 저가 매수세가 유입되면 시장이 크게 급등하면서 마무리되기도 한다.

믿기지 않는가? 하지만 이건 지금 현재 일어나고 있는 일들이다. 2015년 여름 이후 중국시장에서 종종 나타나는 현상이다. 중국증시는 6거래일 연속으로 상승하다가도, 하루 만에 8% 이상 급락하기도 한다. 상해와 심천증시에 상장된 중국기업이 2,800개 남짓인데, 1주일 만에 갑작스레 1,400개 기업이 거래정지가 되기도 하고, 하루 만에 1,800개 기업의 주가가 하한가를 치기도 한다. 시장가격으로 움직여야 하는 주식시장에 정부가 개입해 대형주를 매입하기도 한다.

2015년 7월 27일에 상하이종합지수가 8.48% 하락하면서 8년 5개월 만에 가장 큰 폭으로 하락했다. 그리고 연이은 하락에 다시금 3천 선을 하회하기도 했으며, 9월 30일 종가는 3,052.78pt를 기록했다. 이는 후강통(11월 17일, 2,474.0pt) 출범 이후 23.2% 상승, 1년 대비 29.1% 상승한 수준이며, 2014년 말 종가(3,234.68pt) 대비 5.6% 하락한 수준이다.

최근 몇 달 새만 보면 방향성을 예측하기 힘들 정도로 변동폭이 컸지만 1년을 놓고 보면 30% 가까이 상승했다. 중국주식이 과열된 게 아닌가 하는 의문을 품기도 전에, 이 모든 것이 눈 깜짝할 사이에 일어났다. 상승속도가 마치 2006년과 2007년을 연상시킨다. 하락할 때의 속도는 2008년보다 빠르게 나타나고 있어 조심스럽기도 하다. 금융위기 당시 애물단지로 전락했던 중국펀드를 경험해 본 투자자들이라면 이번에도 왠지 모르게 조심스러울 수밖에 없을 것이다.

하지만, 아니다. 지금은 그 당시와는 전혀 다른 새로운 투자환경이 조성되었다. 필자는 가장 큰 기회의 사이클이 시작되었다고 판단한다.

중국은 수급보다는 정책이 우선하는 국가이다. 공산당이 선두에서 모든 정책을 주관한다. 정책은 그들의 회의를 통해 결정되고 수립된다. 정치와 경제는 뫼비우스의 띠처럼 연결되어 있다. 잠재력만으로 주식투자를 하기는 쉽지 않다. 내수와 자원과 자본이 어디에 쏠리는지 주의깊게 살펴봐야 한다. 정책에 집중해야 하는 이유다.

그들의 정책을 보다 보면 결론이 나온다. 극단적으로 말하면 중국주식 투자를 할 때 '장기투자'란 존재할 필요가 없다. 5년? 너무 길다. 중국이라는 국가는 A라는 정책을 끌고 가다가 갑자기 Z를 하진 않는다. A 이후에 A'를 할지, B를 할지, 아니면 A의 비중을 줄이고 B를 점차 늘려 나갈지 모든 것이 순차적으로 발표되고 진행된다. 다만 정책의 강도와 구체적인 내용들이 조금씩 변하며, A정책의 진행이 절정에 달할 무렵 B정책이 언급되기 시작할 뿐이다. 이러한 주기가 대략 2~3년 정도이다. 그래서 중국주식 투자는 10년, 20년을 보는 관점보다는 약 3년 정도의 주기로 비중을 조절하여 포트폴리오를 구성할 것을 권한다.

시진핑 중국 국가주석이 이제까지 언급한 단어들을 조합해보면, 그가 자신의 집권기간 동안 가고자 하는 곳의 방향이 보인다. 바로 '중국의 꿈中國夢'을 이루기 위한 것이다. 중국의 꿈은 모두가 의식주를 걱정하지 않고 사는 소강사회小康社會 건설이다. 지금까지 중국은 국가는 부유한데 국민은 가난했다. 이러한 국부를 민부로 나누기 위해서는 개혁이 필요한데, 시진핑은 정치개혁과 금융개혁을 먼저 단행한다. 정치개혁의 목적은 반부패이고, 금융개혁의 목적은 개방이다. 이를 위한 정책은 그가 집권하는 시기에 순차적으로 진행될 것이다.

시진핑의 집권체제를 1기(2012년 시작)와 2기(2017년 시작)로 나누고 편의상 각 기수를 전기와 후기로 나눠보겠다. 그러면 2015년 9월까지는 1기의 전기로 볼 수 있다. 지금까지는 제도확립과 처벌강화, 개방의 시작기로 관련 정책들이 새로 수립되는 것에 집중되었다. 정치개혁으로 부정부패를 강하게 척결하면서 전 상무위원의 처벌과 수많은 관료들의

● 시진핑의 시계

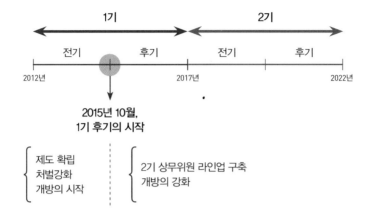

낙마가 나타났다. 금융개혁으로는 가장 먼저 주식시장이 대외에 개방되기 시작했다.

2015년 10월, 이제부터 1기의 후기가 시작된다. 2017년까지 정치적으로는 2기 중앙정치국 상무위원의 자리 확보를 위한 라인 형성에 집중될 테고, 금융부문에서는 후강퉁의 다음 타자인 선강퉁이 출범될 것이다. 또한 개방을 위한 여러 정책들이 쏟아질 것으로 보인다.

후강퉁, 그리고 선강퉁…. 중국기업에 투자할 수 있는 기회가 왔다. 투자를 위해 기업을 선별할 때 기준이 있어야 한다. 그 기준은 '중국정부의 정책'이다. 투자 이전에 먼저 중국의 정책을 파악하자. 그리고 중국의 정책을 만드는 수뇌부를 관찰하고 주목하자. 답은 바로 거기에 있다.

책을 쓰기 위해 많은 분들의 도움을 받았다. 특히 필자가 몸담고 있는 신영증권의 원종석 사장님을 비롯한 동료 임직원 여러분께 감사드린다. 또한 기술적 분석의 대가 김정환 선생님과 필자의 오랜 스승이자 중국에서도 인정한 중국전문가 전병서 교수님께 감사를 표한다. 또 일찌감치 미래를 내다보고 오래전 중국으로 보내주신 나의 부모님 김을중 안수집사님과 최주희 권사님, 항상 곁에서 아이디어를 주는 나의 사랑하는 남편 이상균과 사랑하는 아들 서진이, 엄마 배 속에서 무럭무럭 자라는 둘째 축복이, 중국 현지로 뛰어들어 중국을 배우고 있는 동생 정환이에게도 감사의 인사를 전한다. 마지막으로 중국 상하이교통대에서 치열하게 자기와의 싸움을 하는 후배들이 세상의 빛이 되기를 기원하며, 출간의 기회를 주신 이레미디어에도 감사를 표한다.

김선영

Part 1

정치편_

중국정부 정책의
배경을 이해하라

중국 정치회의 타임테이블을 보면
매매타이밍을 알 수 있다

사례 1

어느 날 펀드매니저 H가 필자를 찾아왔다. 꽤 이름이 알려진 매니저였다. 종목 연구가 탁월하여 좋은 기업을 잘 찾는다는 소문을 익히 들어왔다. 회사에서도 그만큼 인정을 받아 올해부터는 해외주식 투자도 담당하게 되었다는 말을 전해왔다. 주식투자를 할 때 좋은 기업을 찾아내는 것만큼 중요한 게 매매타이밍인데, 중국주식의 매매타이밍을 잡을 때 꼭 필요한 게 무엇인지 조언을 구해왔다. 필자는 중국 정치회의의 타임테이블을 그려줬다.

*66페이지 〈도표 2-2〉 참고

사례 2

홍콩주식을 투자하는 지점동기 K가 고민상담을 요청해왔다. 그는 중국을 '세계의 공장에서 세계의 시장'이라는 관점으로 바라보고 있었다. 향후 중국인들의 소비증가에 많은 관심이 있다고 말했다. 임금인상과 소비부양으로 주류기업에 관심을 갖고 있는데, 최근 몇 년 동안 안정적인 성장세를 보인 백주기업을 주목하고 있다고 했다. K는 후강통이 열리기 전부터 홍콩주식 투자를 해왔으며, 백주기업은 그동안 수익률이 꽤 좋았다고 했다. 그런데 최근 1~2년 사이 백주기업의 영업이익이 감소하고 있는데 왜 이러한 현상이 일어나는지, 이것을 저가매수 기회로 삼아야 하는지 조언을 구해왔다. 필자는 곧바로 중국 공산당의 권력 구조를 그려줬다.

*43페이지 〈도표 1-9〉 참고

중국주식 투자자들의 궁극적인 목적은 주식투자를 통해 돈을 버는 것이다. 그러기 위해서 자신이 보유하고 있는 종목이 상승하기를 바란다. 그렇다면 자신의 자금이 10년간 묻어두고 10배 상승하는 것을 원하는 장기적인 성격의 자금인지, 1년 정도의 짧은 기간 동안 2배 상승하는 것을 원하는 단기적인 성격의 자금인지 그 성향을 파악하는 것이 중요하다.

주식투자를 위한 종목연구를 시작하기 전 우리가 해야 할 일이 있다. 바로 산업에 대한 중국정부의 정책을 알아야 한다. 산업을 부양시킬지 규제시킬지 그 방향성을 먼저 파악하자. 만약 부양시키는 산업이라면 향후 몇 년간 부양시킬지, 규제시키는 산업이라면 얼마나 규제가 지속될지 파악해야 한다. 또한 어떤 산업을 먼저 부양시킬지, 무엇이 최우선 과제인지 산업별 부양 순서도 중요하다.

중국주식을 분석할 때 종목단, 즉 바텀업bottom-up(종목에 집중하여 개별기업의 실제 가치를 분석)으로 기업을 고르면 리스크가 크다. 꾸준한 이익증가와 안정적인 수익률과 배당까지 갖추고 경영진까지 우수해도, 정책적인 규제를 받으면 그동안의 노력은 무용지물이 되기 때문이다. 이것이 필자가 중국정부의 정책에 주목하는 이유다. 정책을 통해 산업에 대한 우선순위가 1차적으로 걸러질 수 있기 때문이다. 대부분 중국의 정책들은 수많은 회의를 통해 언급되고 발표된다. 여기서 중요한 것은 이것을 우리가 어느 정도 파악할 수 있다는 것이다. 중국정부의 회의는 대부분 일정한 패턴으로 이어지기 때문이다.

앞의 사례에서 언급한 백주기업을 예로 들어 설명해보겠다. 사실 백주기업 자체의 성장성이나 신뢰성, 안정성은 나무랄 데가 없다. 장기적인 투자성향의 자금이라면 조정을 받고 있는 2015년 여름, 현 시점이 매수

타이밍이다. 하지만 시진핑이 '부정부패 척결'을 주장하고 있고, 가장 먼저 언급한 것이 '공산당원들의 주류 선물 금지 조항'이라는 점에 주목해야 한다. 중국의 공산당원은 약 8,800만 명이다. 적어도 시진핑 정권 1기(2017년)까지는 공산당원끼리 고급주류를 선물하는 행위가 제한되고 통제될 것이다. 물론 경우에 따라 건강을 위한 '웰빙주' 같은 틈새시장이 아예 없는 것은 아니지만, 당장 주요 소비층이 사라진 것이다.

향후 10년, 20년 뒤를 내다본 투자자금이라면 주류기업에 대한 투자는 아무런 문제가 되지 않을 것이다. 정치적인 특성과 정책들을 고려할 때, 2017년에 시작되는 시진핑 정권의 2기 라인업이 어느 정도 뚜렷해지는 2016년 하반기 이후에는 오히려 현재 좋지 않은 정치개혁 관련주(자동차, 술, 호텔, 여행, 명품소비 관련주)들이 긍정적일 수도 있다고 판단된다. 게다가 국유기업 개혁 바람이 불고 있어서 초단기·이슈성 호재도 존재한다.

하지만 1년 정도 기간의 단기적 투자성향 자금이라면 주류산업보다는 정부자금이 투입되어 핵심산업으로 떠오르고 있는 철도산업 관련 기업과 대기오염 관련 기업에 투자하는 것이 현명하다. 이것이 우리가 중국의 정책, 중국의 회의, 시진핑의 축사, 고위 관계자들의 발언, 그들의 성향에 주목해야 하는 이유다. 다시 한 번 말하지만 중국의 경제와 정치는 뫼비우스의 띠처럼 연결되어 있다. 그렇기 때문에 정책이 나오는 중국 정부의 회의를 이해하기 위해서는 정치적인 배경을 먼저 알아두는 것이 좋다.

반부패정책과
중국증시의 관계

💰 정책을 결정한 시진핑의 한마디

중국의 수장 시진핑은 2013년 3월 전국인민대표대회(이하 전인대)에서 국가주석에 올랐다. 폐막식은 그의 발표로 마무리되었는데, 국가주석으로서 첫 공식석상 발언이었다. 시진핑은 '중국의 꿈'을 강조했다. 그가 내세운 슬로건인 '중국의 꿈中國夢'은 구체적으로 말하면 모두가 의식주를 걱정하지 않고 살 수 있는 '소강사회小康社会'의 건설이다. 어떻게 보면 너무 광범위한 개념일 수도 있다. 하지만 시진핑은 소강사회를 만들기 위해, 즉 국부를 민부로 나누기 위한 방향성을 키워드로 제시했다. 바로 '개혁'이었다. 그는 지역 간의 격차와 소득격차를 줄이는 데 앞장설 것이고, 정치부문과 금융부문 개혁에 힘쓸 것이라 언급했다.

따라서 시진핑이 집권하는 2022년까지는 모든 정책이 '중국의 꿈'을 이루기 위한 안건 안에서 나타날 것으로 보인다. 시진핑 또한 구체적인 정책을 짚어가며 언급해주고 있다. 그가 말하는 지역격차와 소득격차를 극복하기 위한 가장 큰 방안은 '신형 도시화'이고, 정치개혁은 '반부패 척결', 금융개혁은 '자본시장 개방'으로 표현되었다. 현재 중국에서는 커다란 큰 틀 안에서 모든 정책이 시행되고 있다.

우리가 다시 중국시장을 주목하게 된 가장 큰 이유인 후강퉁, 선강퉁도 자본시장 개방정책 중의 하나다. 참고로 자본시장 개방정책은 2012년에 처음 구체화되어 언급되었다. 중국의 정책에 일찍부터 관심을 가졌던 투자자들이라면 후강퉁이 시작되기 전 이미 홍콩에 상장되어 있는 중국 증권주를 포트폴리오에 담았을 것이다.

🏵 호랑이 사냥꾼, 시진핑

타호박승打虎拍蠅, 시진핑 국가주석이 부정부패를 척결하기 위해서는 호랑이(고위직)부터 파리(하위직)까지 모두 때려잡아야 한다며 언급한 단어다. 보시라이 사건을 시작으로 저우융캉 전 중앙정치국 상무위원, 쉬차이허우 전 중앙군사위 부주석, 링지화 공산당 통일전선부장까지 '초대형 호랑이'가 줄줄이 잡혀 들어가고 있다.

이들의 이름이 생소한 투자자도 있겠다. 이들은 그동안 중국을 쥐락펴락했던 세력이었고, 아무도 건드릴 수 없을 것이라 생각했던 위치에 있던 사람들이었다. 이들이 주고받는 뇌물의 규모는 상상을 초월했으며 스케일이 남달랐다. 보시라이는 40억 원, 쉬차이허우는 비밀창고에서 현금 1톤과 보물 200kg이 발견되었고, 저우융캉은 무려 18조 원으로 밝혀졌다. 또한 후진타오 전 국가주석의 비서실장인 링지화는 황금과 골동품이 트럭 6대 분량에 달한다고 한다. 여기에 현금과 부동산 등까지 포함하면 그 규모는 총 840억 위안(약 14조 원)이라고 보도되었다.

저우융캉의 18조 원의 규모를 한 번 살펴보자. 한때 유행했던 허니버터칩(2,400원)을 75억 개나 살 수 있는 금액이자, 13억 6천만 명에 달하는 중국인들에게 각각 1만 3천 원의 현금을 지급할 수 있는 금액이다. 조금 더 단위를 올려 볼까? 10억 원짜리 아파트를 1만 8천 채 분양 받을 수 있는 금액이고, 수평적인 면적과 평당 가격만 고려했을 때는 서초구와 용산구를 사고도 조금 남는 금액이다. 이것이 모두 한 사람의 부정축재 규모라니, 가히 어마어마하다.

시진핑 국가주석은 정치개혁을 시작할 당시에 행정체제 개혁을 더욱 강조했었다. 행정체제 개혁은 정부의 시장개입을 감시하는 것이다. 주로 행정간소화와 정부투명도 제고를 핵심으로 하고 있다. 이미 5세대 지도부 출범 이후 200여 개의 심사루트가 폐지되었고 정부권한을 축소하고 있다. 리커창 총리는 본인의 임기 내에 600여 개의 행정심사 허가권을 이관하겠다고 밝힌 바 있다.

중국의 행정체제 8대 개혁방안은 다음과 같다.

① 정부 기구 간소화 : 정부와 기업의 분리
② 유사한 기능의 부처 통폐합, 간부 수 감축
③ 정부정보 공개제도를 도입해 투명행정 추진
④ 인민들에게 관리감독권 부여
⑤ 행정은 법률에 의거하도록 제도화
⑥ 권리와 책임을 일치시켜 효율성 제고
⑦ 서비스 우선 체제 추진
⑧ 행정구역 개편

행정체제를 개편하고 기능이 유사한 부서를 통폐합시키려다 보니 관료들의 부정축재가 골칫거리로 나타났다. 특히 정부개입이 심한 유틸리티와 정유산업, 금융산업, 부동산산업 등이 화두에 올랐으며, 이들 산업을 선두로 부정부패 단속이 시행되고 있다. 일각에서는 시진핑이 반부패정책을 통해 정적을 제거하고 있는 게 아닌가 하는 비판을 하기도 했지만, 부의 재분배를 원하는 서민층을 중심으로는 그를 시따따习大大(아버지 등 남성에 대한 존칭)라고 부르며 지지율이 높아지고 있는 상황이다.

시진핑의 호랑이 잡기는 단순히 거기서 끝나지 않는다. 바로 부정부패 관료들과 연관된(꽌시가 좋은) 상장기업들의 명단을 언론에 공개한 것이다. 이는 당연하게도 주가에 큰 영향을 주게 된다. 기업들의 명단을 보

산업	기업명
비철금속	홍다구분(600331.SH), 운남주석(000960.SZ), 서부광업(601168.SH), 중금황금(600489.SH), 바오타이구분(600456.SH), 중국알루미늄(601600.SH), 동릉유색(000630.SZ)
석탄	산서삼유그룹(산서초화 600740.SH, 서산매전 000983.SZ, 남풍화공 000737.SZ), 노안환경에너지(601699.SH), 중국신화에너지(601088.SH), 산서란화테크(600123.SH), 정주석탄전력(600121.SH)
에너지	쿤룬에너지(00135.HK), 시노펙(600028.SH), 페트로차이나(601857.SH), 화룬에너지(01193.HK)
전력	화전국제전력(600027.SH), 푸링전력(600452.SH), 산서통보에너지(600780.SH), 화룬전력(00836.HK), 사천천투에너지(600674.SH)
부동산	화룬부동산(01109.HK), 화양연(01777.HK), 자자오예(01638.HK), 이화부동산(000150.SZ), 저장광샤(600052.SH), 야쥐러부동산(03383.HK)
금융	농업은행(601288.SH), 민생은행(600016.SH), 북경은행(601169.SH), 은하증권(06881.HK), 해통증권(600837.SH), 방정증권(601901.SH)
제약	자흠제약(002118.SZ), 삼정제약(600829.SH), 국약그룹(600511.SH), 동부용(300171.SZ)
건축	중국중철(601390.SH), 금당랑(002081.SZ), 해남서택(002596.SZ), 화윤시멘트(01313.HK)
항공	중국남방항공(600029.SH)
운수업	차이나코스코(601919.SH), 시노트랜스(00598.HK)
통신	차이나유니콤(600050.SH)
화공	진루그룹(000510.SZ), 후이성공청(02236.HK)
미디어	성도박서전파(600880.SH), 러스왕(300104.SZ)
IT	천대지승(002253.SZ), 남위소프트웨어(603636.SH), 선저우타이웨(300002.SZ)
철강	마안산철강(600808.SH), 류강지분(601003.SH)
경공업제조	광동의화목업(600978.SH)
음료	금풍양주(600616.SH)
기계설비	중항중장비(600765.SH)
조선	중국선박공업(600150.SH)
자동차	동평자동차(600006.SH)

면 해당 업계의 1위 기업은 물론 2~3위 기업도 많다. 초대형 호랑이와의 관계가 좋으니 당연히 잘나갈 수밖에 없던 기업들이다. 물론 중국정부와 언론은 그 명단이 100% 확정된 것은 아니라고 하지만, 언급만으로도 해당 기업의 주가는 흔들리게 된다.

대형기업들의 주가가 흔들렸음에도 지수는 견조했다. 중국정부는 같은 시기에 '1인 다계좌 허용'이라는 증시부양책을 내놓으면서 전체 지수를 방어한 것이다. 그 후에는 "지난번 언급된 기업들 명단은 루머일 뿐"이라고 하였고, 이슈는 다시 수면 아래로 가라앉았다. 이처럼 정치 이슈는 기업들의 돈줄을 조일 수 있는 하나의 개혁이다. 또한 내가 갖고 있는 중국주식의 전망과 직결될 수 있는 이슈다.

💰 백주 관련 기업의 주가를 떨어뜨린 호랑이 잡기

언론에서는 시진핑의 '호랑이 잡기'를 중심으로 자극적으로 보도했으나, 필자가 주목하고 있는 것은 '파리'들 단속이다. 이 '파리'들을 단속하는 것이 결과적으로는 소비를 위축시키기 때문이다. 정치개혁으로 18만 명 이상의 하위직 관리들이 처벌되거나 당적박탈이 되었다. 시진핑 정권이 반부패정책을 강화하면서 그동안의 비리들이 속속들이 폭로되고 있기 때문이다.

쓰촨성에서는 재난구조 목적의 자금인 110만 위안(약 1억 8천만 원)으로 지프차를 구매한 것이 드러났고, 안후이성의 공무원들은 1회에 2만 6천 위안(약 450만 원)이나 하는 식대를 사용한 것이 드러났다. 그들은 현금뿐만 아니라 고가의 술과 명품시계, 그림, 주택 등 여러 방법으로 재산을 은닉해온 것으로 밝혀졌다.

삼공경비는 공무로 인한 해외출장 경비, 차량구입 및 운행비, 공무 접

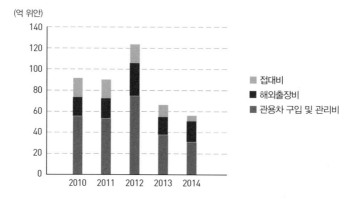

도표 1-2 2010~2014년 삼공경비 추이

(억 위안)

■ 접대비
■ 해외출장비
■ 관용차 구입 및 관리비

대비로 최근 몇 년 동안 나타난 신조어이다. 이러한 명목으로 지출된 비용은 비공개이기 때문에 천차만별이고, 보통은 대부분이 묵인했던 항목이었다. 하지만 2012년 들어서 중국정부가 재정지출 조항을 투명하게 관리하고자 각 부서별 삼공경비 공개를 의무화하면서 뜨거운 감자로 떠올랐다.

시진핑 정권이 들어서면서 삼공경비를 이용한 선물용·회식용 고급 백주와 담배 매입을 금지한다는 조항이 발표되었다. 고급 수입차를 관용차로 지정할 수 없다는 방침도 나왔다. 이로 인해 중국 내 소비가 전반적으로 위축하는 모습이 보였다. 게다가 부분적으로 연회도 제한시키고 있다. 이에 따라 고급 백주, 고급 포도주, 고급 연회장, 고급호텔 숙박, 고급 수입차 등의 제품가격은 급격히 인하되고 있다. 특히 만들기만 하면 팔려나가며, 보장된 수익을 자랑하던 술(백주) 시장은 지속적으로 위축하는 모습이다. 선물용 고급술로 인기가 높았던 귀주모태의 '마오타이주'는 2012년 대비 60%나 가격이 인하되었다.

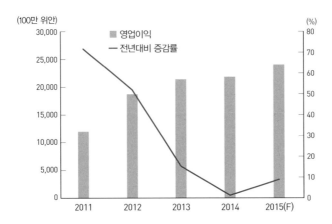

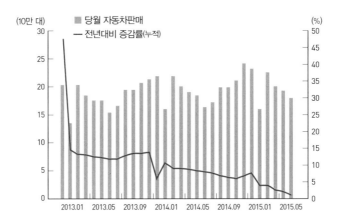

도표 1-5 중국 내 자동차 판매량

  자동차 시장 역시 마찬가지다. 벤츠와 BMW, 아우디가 주를 이루었던 중국 인민해방군의 관용차가 로컬브랜드인 이치자동차의 '홍치 H7'으로 바뀌고 있다. 향후에도 군관용차는 고급 수입차가 금지되고 점차 중국의 로컬브랜드 차량으로 대체될 예정이다. 군차량뿐만이 아니다. 중국 공산당국에서는 장차관급 간부를 제외한 공무원들에게 관용차를 지급하지 않을 것이라는 방침을 발표했다. 2014년에는 중앙정부기관, 2015년 말까지는 지방정부기관, 2016년 말까지는 전국의 국유기업을 포함한 모든 정부 공공기관에서 관용차 관련 개혁을 단행할 방침이다. 삼공경비의 강한 통제와 정치개혁 단행이 중국 내 자동차판매 시장까지 영향을 미치고 있다는 점에 주목해야 한다.

💰 정치 상황에 따라 투자기간을 달리하자

  삼공경비라는 역풍에도 불구하고 장기적인 관점에서 보면 중국의 소비시장은 확대될 것이다. 이 중 백주업계를 살펴보면 해외 수출이 연평균 30%씩 증가하고 있다. 또한 제품가격 인상이 비교적 자유롭다는 점이 긍정적으로 작용한다. 특히 백주시장의 선두주자 귀주모태는 최근 3년 동안 시장점유율이 36%에서 40%로 증가하는 모습을 보였다. 귀주모태는 장기적으로 볼 때 반부패정책 리스크를 제외하면 실적증가 요인이 충분한 기업이다.

그러나 업황은 다르다. 정치개혁으로 시작된 삼공경비의 통제는 당분간 지속될 것으로 보인다. 중국정부의 '제품 최저가격 제한제 폐지' 정책의 영향으로 업계 내 가격경쟁도 치열해질 것으로 보인다. 결국 회사 자체의 점유율과 경쟁력은 유지되고 있고 오히려 더욱 탄탄해지고 있을지라도, 정부정책의 방향성이 규제하는 방향으로 가고 있는 것이다. 그렇기 때문에 백주산업은 시진핑 정권 1기의 후기, 즉 2기의 라인업이 형성되기까지 수익이 뒷받침되기는 어려울 것으로 보인다.

중국정부의 정치개혁에 따라 백주기업들의 실적둔화는 당분간 이어지겠지만, 기업에 따라 당연히 예외도 있다. 참고로 라오바이간 등 일부 백주기업은 국유기업 개혁의 바람을 탈 것이라는 판단이다. 높은 부채율과 장기적인 적자를 개선하고자 전략적 투자자 영입과 우리사주제 시행 등 장기적인 개혁의 모습을 보이고 있기 때문이다. 따라서 국유기업 개혁에 직접적으로 관련된 특정 기업들은 이슈성 호재가 존재하고, 이들을 제외한 나머지 백주기업들은 정치개혁이 마무리되는 시진핑 정권 2기부터나 다시 주목해야 할 종목들이다.

분명히 말하지만 정치개혁의 목적이 소비를 위축시키는 것은 아니다. 다만 정책의 시행이 결론적으로 소비위축이라는 '결과'를 낳았을 뿐이다. 따라서 중국주식을 볼 때는 정치적인 부분과 정책적인 부분, 양쪽 모두 접근해야 한다.

중국을 나눠보자

1. 인구

중국의 공식적인 인구는 13억 6천만 명으로 알려져 있지만 정확하진 않다. 바로 흑인 때문이다. 여기서 흑인은 우리가 아는 그 흑인이 아니다.

중국은 1970년대부터 한 가정에서 한 자녀만 낳도록 규제하고 있다. 자녀를 2~3명 낳은 중국인들에게는 벌금이 부과되며, 호적에 등록하려면 베이징에서는 10만 위안(약 1,700만 원)을 내야 한다. 이 때문에 벌금을 피하려고 출생신고를 하지 않는 경우도 있는데, 이렇게 호적에 신고되지 않은 두 번째, 세 번째 자녀들이 바로 흑인이다.

다시 말해 흑인은 중국에서 호적이 없거나 비자가 없어 숨어 사는 사람을 뜻한다. 현재 흑인의 인구는 집계되고 있지 않으며 몇 천만 명이다, 몇 억 명이다라는 어림짐작조차 무의미하다. 흑인 인구를 최대 5억 명 이상으로 잠정하는 사람들도 있다.

또 다른 소외계층도 있다. 이번에는 다행히 통계로 집계되는 계층이다. 바로 농민공이다. 농민공은 도시에서 살고 있지만 완전한 공인工人(3D 업종에 종사하는 대다수 노동자) 자격을 얻지 못한 임시 근로자를 뜻한다. 현재 농민공은 2억 명에서 2억 5천만 명에 달하며 전체 인구의 15~19%를 차지하고 있다. 중국의 산업발전을 위해 필요한 노동력을 제공하는 계층이다. 이들의 도시 생활은 비교적 빈곤하고 불행하다. 천대받고 무시당하기도 하며 도둑이나 범죄자로 인식되기도 한다.

이런 농민공들을 시진핑 지도부가 챙기기 시작했다. 시진핑은 2013년부터 지속적으로 '신도시화' 정책에 주력하고 있다. 이 신도시화를 위한 액션플랜의 첫 번째가 바로 '개혁'이다. 개혁 항목으로 호구제도 · 소득분배 · 세제, 산업구조 조정, 금융자율화 등을 언급했다. 그 가운데 호구제도 개혁이 가장 강력하게 진행되고 있다. 세계 금융시장은 인프라스트럭처 infrastructure(경제활동의 기반을 형성하는 시설 · 제도) 투자나 강력한 소비부양을 원하고 있지만, 중국정부가 가장 먼저 호구제도 개혁을 진행한 이유는 무엇일까? 이것은 궁극적으로는 가장 소외된 계층까지 포용해 '중국 국내의 안정'을 유지하기 위함으로 해석된다.

리커창 총리는 "총리나 농민이나 직업에는 귀천이 없다"며 취업과 신분 문제 개혁을 언급한다. 또한 농민공들을 위한 직업교육을 보장했다. 향후 호구제도를 개혁하는 과정은 복잡하겠지만 개혁 속도는 빠르게 나타날 것이다. 호구제도 개혁은 결국 그들의 지갑에서 의료와 교육 지출을 줄여 다른 소비를 이끌어내려는 소비부양 정책인 셈이다. 이 덕분에 중국의 온라인교육 시장은 약 1천억 위안 규모에서 2015년에 2배 이상 성장할 것이라는 전망도 나오고 있다.

농민공을 타깃으로 삼는 필수 소비재 시장도 견고하게 성장할 것으로 기대된다. 중국에 진출한 우리나라 음식료업체와 의류업체들의 선전이 향후에도 이어질 가능성이 바로 여기에 있다. 중국 발전의 숨은 주역인 농민공, 이제 그들은 화려한 도시의 힘이 약한 약자에서 중국정부의 정책을 좌지우지할 열쇠로 떠오를 것이다.

2. 민족과 언어

중국의 민족은 한족과 55개 소수민족, 즉 56개 민족이 어울려 산다. 여기서 한족이 인구의 91.59%를 차지하고 있다. 중국의 국토면적은 960만 ㎢에 달하며 영토를 31개의 성과 도시로 나눠 구분한다. 31개의 성과 도시는 베이징, 상하이, 헤이룽장성, 충칭, 산시, 허난, 후난, 안후이, 허베이, 네이멍구, 랴오닝, 장쑤, 쓰촨, 신장, 산시, 산둥, 후베이, 장시, 지린, 윈난, 광둥, 톈진, 푸젠, 광시, 구이저우, 간쑤, 신장생산건설병단, 저장, 칭하이, 하이난, 닝샤로 나뉜다.

중국은 지역에 따라, 그리고 민족에 따라 언어가 다르기 때문에 의사소통 문제가 발생할 가능성이 있다. 소수민족이 사용하는 언어는 약 80종으로 집계되고 있는데, 정부에서 인정하는 방언은 7개다. 북경어가 대표인 북방방언, 상해어가 중심인 오방언, 상방언(후난성), 감방언(장시성, 후베이성 동남부), 객가방언(광둥성, 푸젠성 서부), 민방언(타이완, 푸젠성 북부), 월방언(광둥성, 광시성 동남부, 홍콩, 마카오, 화교)이 인정된다. 중국에서는 표준어를 푸통

● 중국의 권역

☐ 서부: 네이멍구, 광시, 쓰촨, 충칭, 구이저우, 윈난, 산시, 간쑤, 후베이, 닝샤, 티베트,
　　칭하이, 신장성 등 13개 지방
▨ 중부: 헤이룽장성, 지린, 산시, 허난, 후난, 안후이, 장시 등 7개 지방
▨ 동부: 베이징, 톈진, 랴오닝, 허베이, 산둥, 저장, 상하이, 장쑤, 푸젠, 광둥,
　　하이난 등 11개 지방

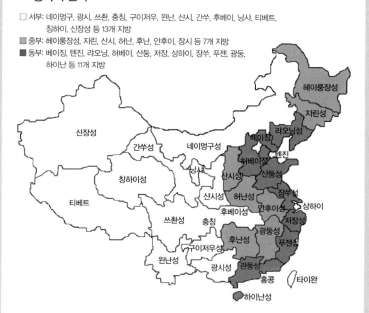

화普通话로 표현한다. 북경어는 보통어와 발음의 울림과 뒷부분이 다르지
만 대부분 비슷하다. 그러나 상해어는 전혀 다르다. 흔히 중국여행을 가면
손쉽게 쓰는 말이 "你好这个多少钱(안녕하세요, 이것 얼마예요)?"의 발음을
살펴보면 다음과 같다.

　　북경어 : 니하오, 쩌거뚜어샤오치엔?
　　상해어 : 농하오, 거쩌지디?

　어떤가? 전혀 다르지 않은가? 중국으로 여행을 가본 사람들은 호텔 내
TV를 통해 수십 개의 정규방송 채널을 볼 수 있을 것이다. 중국의 지역방
송은 다채롭지만 모든 채널에서 나오는 음색이 비슷함을 알 수 있다. 바
로 푸통화로 더빙된 것이다. "각 지역마다 차이가 나서 차이나^{CHINA}다"라
는 농담이 있을 정도의 나라가 중국이다. 한민족인 우리의 시각으로 중국

을 바라보는 데는 한계가 있다. 중국을 이해하려 하지 말고 다름을 인정해야 하는 이유다.

3. 권역

중국의 권역을 구분하는 방법은 시대별로 기준이 다르다. 1950년대에는 단순하게 동부연해 지역과 내륙지역으로 구분했고, 1960년대에는 경제 수준을 기준으로 1선一線, 2선二線, 3선三線 지역으로 구분했다. 우리가 흔히 말하는 '2~3선 도시'라는 단어는 이 시기부터 사용되었지만, 당시와 현재의 기준은 다소 차이가 있다. 1선 도시는 베이징 · 상하이 · 광저우 · 선전 지역을 뜻하고, 2선 도시는 항저우 · 제남 · 톈진 · 충칭 · 칭다오 · 다롄 · 닝포 · 샤먼 · 난징 · 우한 등이다. 그 외에 나머지 도시는 3선 도시에 해당한다. 현재 2선 도시와 3선 도시를 구분하는 기준은 명확하지 않다.

1970년대에는 개혁개방 이후 권역을 구분하는 방법이 다양해졌다. 중국을 동 · 중 · 서 3지대로 나누는 방법도 있고, 6대 권역(화북지역, 동북지역, 화동지역, 화남지역, 중부지역, 서부지역)으로 나누기도 한다. 현재 중국에서 자주 언급되는 정책인 서부대개발이나 중부굴기 등은 중국을 동쪽연안을 중심으로 하는 동부와 동부를 에워싸고 있는 중부, 그리고 나머지 서부지역으로 나눠 표현한 것이다.

중국을 이해하기 위한
정치현황 브리핑

🪙 중국의 권력, 집단지도체제

중국의 공식적인 총인구는 약 13억 6천만 명이다. 중국을 이끄는 지도부는 마오쩌둥 시대 이후 '집단지도체제'를 택해왔다. 중국은 거대하고

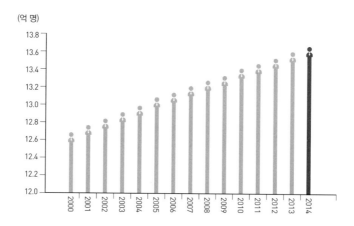

도표 1-6 중국의 인구

(억 명)

복잡한 나라여서 나홀로 대국을 운영한다는 것은 불가능하다. 각 지역
별로, 민족별로 차이가 많이 나서 '차이나^China'라 불린다는 우스갯소리가
있을 정도다.

중국의 민족은 56개로 나누어지고, 권역은 지역에 따라 6개(화북지역,
동북지역, 화동지역, 화남지역, 중부지역, 서부지역)로 나눈다. 주요 행정도시는
31개(베이징, 상하이, 헤이룽장성, 충칭, 샨시, 허난, 후난, 안후이, 허베이, 네이멍구,
랴오닝, 장쑤, 쓰촨, 신장, 산시, 산둥, 후베이, 장시, 지린, 윈난, 광둥, 톈진, 푸젠, 광
시, 구이저우, 간수, 신장생산건설병단, 저장, 칭하이, 하이난, 닝샤)로 나누고, 경제
수준에 따라서는 1선, 2선, 3선 도시로 구분한다. 따라서 공산당과 국무
원, 각 지방省長 성장 및 서기들은 중국의 경제와 정치, 사회를 '집단적으
로' 요리하는 집단지도체제를 선택해왔다.

현재 중국은 공산당 총서기 겸 국가주석인 시진핑을 필두로 리커창,
장더장, 위정성, 리우윈산, 왕치산, 장가오리, 총 7명이 공산당 중앙정치

국 상무위원으로 있다. 이들의 임기는 5년이고 연임이 가능하다. 만 68세가 넘으면 연임이 불가능하다. 67세는 되고 68세는 안 된다는 '칠상팔하七上八下'라는 말도 여기서 나왔다. 참고로 시진핑 정권은 2012년 10월에 꾸려졌고, 2013년 3월 전인대에서 출범되었다.

이 중앙정치국 상무위원 7명 밑으로는 중국 공산당 중앙정치국 위원과 서기처 서기, 국무원의 부총리, 국무위원을 비롯한 각 부장(한국의 장관급)들, 31개 성 및 직할시의 서기(성장 및 시장)가 중국 지도부에 힘을 싣고 있다. 물론 일부 원로들도 건재하다.

💰 인맥에 따른 파벌, 당파

중국의 당은 공산당 일당독재체제로 알려져 있다. 그러나 사실 일당독재체제 아래의 다당합당 제도이다. 한마디로 공산당 이외에 농공민주당, 중국민주 동맹 등 다양한 당이 있다. 결국 모든 행정은 공산당이 주관하고 다수당이 협조하는 구조이다. 공산당 내에는 인맥에 따라 파벌이 나뉜다. 대부분 고향이나 학교, 출신성분 등에 따라 계파가 형성된다. 크게 태자당, 상하이방, 공청단 등으로 나뉜다.

■ 태자당

태자당은 중국의 고위관료 자제로 중국 정계에서 막강한 힘을 가진 귀족계급이다. 특히 이들은 기업과 금융, 건설과 정계 등에 넓게 포진되어 있다. 대부분의 태자당은 1966년 문화대혁명 시절 농촌으로 하방下放(당 · 정부 · 군 간부들의 관료화를 막기 위해 이들을 낙후된 변방의 농촌이나 공장으로 반강제적으로 보내 일하도록 한 것)된 정치적인 난관에 부딪혔던 경험이 있다. 그래서 그런지 그들 자신만 믿는 경향이 강하다. 대표적인 인물로는 현재 시진핑 중국 국가주석이 있다. 태자당은 현 정권의 최고 권력집단이다.

■ 상하이방

상하이방은 장쩌민 전 국가주석을 중심으로 상하이시에서 근무한 인연이 있는 파벌을 말한다. 현 지도부에서는 상무위원 중 장더장과 리우원산, 장가오리가 있다. 상하이방이 알려진 계기는 덩샤오핑 전 주석이 천안문 사태를 진압하고, 이를 적극적으로 지지했던 상하이 시장 장쩌민江澤民을 차기 후계자로 지명하면서부터이다. 그 후 장쩌민이 국가주석에 오르면서 관련 인사들의 세력을 확장했다. 그러나 현재 지도부에서는 기존 원로들이 힘을 쓰지 못하고 있는 형편이다.

■ 공청단

공청단은 부모의 기반 없이 자수성가한 타입으로 중국공산주의청년단에서 근무한 경력이 있는 파벌이다. 후진타오 전 국가주석이 공청단 최고 책임자 출신이다. 현재 상무위원 7명 중 공청단은 총리 리커창뿐이다. 사실 현 지도부의 출범 직후에는 '상하이방과 태자당의 연합 vs 공청단'일 것이라는 예상이 있었으나, 현재는 전혀 다르게 흘러가고 있다. 정치개혁의 주요 타깃이 상하이방이기 때문이다.

또한 리커창 세력 6인방(공청단 6대 금강)이 현재 중앙위원에 모두 진입함에 따라 지방정부와 중앙정부의 마찰이 그나마 완화되고 있는 것으로 보인다. 향후 2017년 당대회에서 공청단인 후춘화 광둥성 서기와 왕양 부총리의 상무위원 진입이 유력시되고 있는 상황인 점도 주목해볼 사항이다.

참고로 중국공산주의청년단체(공청단)는 14~28세의 청년들이 신규로 가입된다. 중국공산주의청년단체는 자의적으로 가입할 수는 없다. 성적이 우수하거나 품행이 타에 모범이 되는 신망 높은 학생들이 교수나 다른 공청단 당원의 추천으로 가입된다.

이 외에 칭화방(칭화대 졸업자)과 베이따방(북경대 졸업자)도 있으나 이들은 권력이라기보다 학맥이라 보는 것이 맞을 것이다.

💰 집단지도체제 7인방의 정책 방향성

중앙정치국 상무위원 7명은 상무常務회의를 주관한다. 상무회의는 수시로 개최되며 잦을 때는 격일로 열리기도 한다. 원칙은 다수결로 결정하기 때문에, 홀수로 구성되어 있다. 시진핑 정권 이전의 상무위원은

도표 1-7 일대일로의 시작점과 철도망

1. 중국의 신 실크로드, 일대일로의 시작

2. 면적으로 퍼지는 통합경제권

3. 시안지역 중심의 철도망

9명이었다. 원칙은 다수결이나 대부분이 만장일치로 이루어져 '만장일치 집단지도체제'라고 불리기도 한다. 그래서 이 7명의 정치성향과 업적, 주장하는 정책들을 살펴보면 이들의 집권 시기인 2017년 말까지 정책의 큰 방향성을 알 수 있다.

현재 중국 지도부 7인방의 출신지는 중부(산시성과 산시성 중심)와 동쪽 연안(안후이성, 장쑤성, 푸젠성 중심) 지역, 즉 크게 두 군데에 몰려 있다. 때문에 향후 2년 반 동안에는 이들 지역 중심으로 프로젝트가 이루어지고 가속화될 가능성이 크다.

산시성의 시안지역은 우리나라 삼성전자가 70억 달러를 투자한 반도체 공장지로 알려져 있다. 이 지역은 해외자금을 유치하는 데 앞장서고 있으며, 특히 2015년부터 강하게 언급되고 있는 일대일로一帶一路 신실크로드 정책의 시작지점이기도 하다. 특히 중국에서는 시안지역을 중심으로 거미줄 같은 철도망을 건설 중이다. 이 지역은 시진핑 국가주석의 아버지 시중쉰의 고향이기도 하다.

중국은 하나의 정책을 전국화하기에 앞서 '점-선-면'으로 순차적으로 진행시킨다. 특정 지점에서 시범적으로 시행하고, 시범지역을 확대시키다가 나중에 다른 지역까지 적용범위를 늘려간다. 시범지역으로 선정된 특정 지역의 발전이 늘 먼저 나타나게 되기 때문에 각각의 지방정부들은 시범지역을 두고 경쟁이 치열하다. 〈도표 1-7〉은 중국의 '점-선-면' 방식을 잘 보여준다.

2013년 상하이자유무역지구 출범 이후 톈진시, 우한시, 푸젠성, 장쑤성 등 12개 지역에서 차기 자유무역지구 설립을 신청했고, 2015년 4월 21일 광둥, 톈진, 푸젠성이 승인을 받아 자유무역지구를 동시에 출범시켰다. 대다수의 지역이 승인을 받고도 아직 진행이 더딘 상태이다.

반면에 푸젠성은 적극적으로 자유무역지구를 출범시켰는데, 내부시차와 외부시차 모두 짧게 나타나고 있다는 것은 데이터로 설명할 수 없는 그 무엇(중앙정치국 상무위원의 힘)이 존재하는 것으로 보인다. 또한 문화체제 육성정책에 맞춰 상하이에서는 2016년 봄에 디즈니랜드가 개장될 예정이다. 중서부 개발을 강조하고 있으나 동쪽연안에 대한 관심도 지속할 수밖에 없는 것이다.

7명의 상무위원은 몇 가지 공통점이 있다. 과거 지도부들은 '경제 전반의 성장에 집중된 정책 실행'이 특성이었던 반면에 현 정권의 상무위원 7명은 '균형발전'에 집중되는 경향을 보이고 있다. 12차 5개년 계획, 13차 5개년 계획, 서부대개발, 철도계획, 세제개혁, 보장성주택 건설, 각종 하향정책, 경제특구 설립, 의무개혁, 중부굴기, 중원굴기가 바로 이 균형에 포함된 계획이다.

특히 시진핑이 귀족 신분에서 쫓겨나 농촌생활을 하면서 민중들의 삶을 경험했다는 점이 일반 태자당과는 거리가 있어 보인다. 게다가 농업대성農業大省이라 불리는 허난성 성장 출신 리커창이 랴오닝성 당서기로 부임한 이후 '100만 호의 판자촌 개조사업'을 시행했었다는 점도 주목할 점이다. 리커창의 핵심사업이었던 '판자촌 개조사업'은 지금의 보장성주택(임대주택) 건설의 시초에 해당하기 때문이다. 또한 리커창은 중국정부의 중부굴기中部崛起(중부부터 일으키자)의 원류인 '중원굴기'를 처음 제창한 사람이기도 하다. 현재 진행되려는 일대일로 정책이나 광역화 정책이 갑작스레 튀어나온 정책이 아니라는 것이다.

🪙 중국의 권력기구

앞에서 중국 현 지도부인 7인방의 특성을 살펴보았다. 이번에는 중국의 권력기구를 살펴볼까 한다. 중국의 권력기구는 중국 공산당, 전국인민대표대회(전인대), 인민정치협상회의(정협), 국무원, 중앙군사위원회, 5개로 나누어진다. 사실 중국주식 투자를 하는 데 5개의 권력기구 모두를 알아야 할 필요는 없다. 다만 1년 중 가장 이슈가 많은 전인대와 모든 정책이 행해지는 공산당 정도는 알아둘 필요가 있다. 중국 권력기구 중 전인대는 우리나라로 치면 국회에 해당하고, 정협은 정치 보조적인 성격이다. 따라서 실질적인 권력기구는 공산당과 국무원, 중앙군사위원회로 압축할 수 있다.

■ 공산당

중국 공산당은 중국 권력의 심장이다. 중국의 공산당원은 2015년 7월 1일 기준으로 8,800만 명이며, 전년대비 110만 7천 명이 증가했다. 이는 독일의 총인구수를 훨씬 초과하는 수준이다. 이들 공산당의 전당대회를 '중국 공산당 전국대표대회(전대)'라 부른다. 전대에는 8,800만 당원이 모두가 참여하는 게 아니라 '대의원'에 해당하는 약 2천여 명의 전국대표들만이 참여한다. 참고로 전대의 참석인원은 3천 명을 초과할 수 없게 되어 있다. 또한 전대는 5년에 한 번 개최되며, 중앙위원회가 필요하다고 결정했을 때 또는 3분의 1 이상의 성(省)급 당조직이 요구했을 경우에 앞당겨 개최할 수 있다.

2007년에 17기 전대가 열렸고, 2012년 10월에 18기 전대가 열렸다. 19기 전대는 2017년 가을에 개최될 예정이다. 전대에서는 중앙위원회 위원을 선출한다. 임기는 5년이며 재임이 가능하다. 마오쩌둥부터 장쩌

도표 1-8 중국의 권력기구

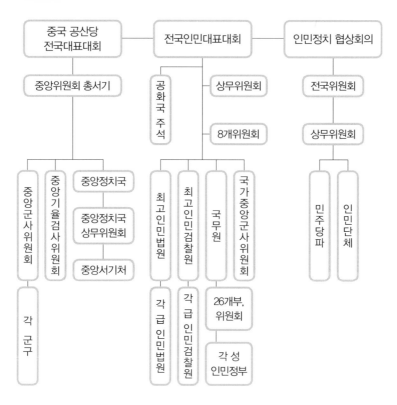

도표 1-9 중국 공산당의 권력구조

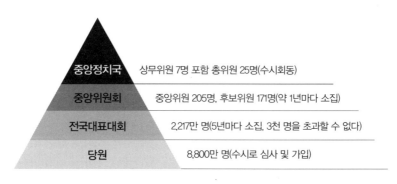

· 2015년 7월 1일 기준

민까지는 최고지도자의 임기에 제한이 없었으나, 후진타오 정권부터는 10년 이상 같은 직책을 할 수 없도록 하였다. 2017년에 열리는 19기 전대에서는 시진핑 지도부가 연임할 예정이다.

전대에서는 선출업무(중앙위원회, 중앙고문위원, 중앙기율심사위원회)뿐만 아니라 중앙위원회와 중앙기율심사위원회의 보고를 청취하여 심사한다. 또한 공산당의 중요한 문제를 토론, 검토, 결정하며 공산당의 규약을 개정한다. 그러나 이 모든 안건을 논의하기에는 전대가 열리는 기간이 턱없이 짧고(보통 10일에서 최대 2주), 참여 인원도 너무 많다. 따라서 전대는 '중앙위원회 전체회의(중전회)'에서 결정된 사항을 승인하는 자리이고, 사실상 모든 사항은 중전회에서 결정된다.

중전회에서는 중앙정치국 상무위원회의 위원을 선출하며 내정·외교·경제·국방 등 각 방면의 중요한 문제에 대한 당론을 결정하고, 각 방면에 걸쳐 정치적 지도를 실시한다. 현재 중전회 위원은 중앙위원 205명, 중앙후보위원 171명으로 구성되어 있다. 하지만 중앙위 역시 규모가 점차 커지면서 중앙위원 205명 중에서 다시 '중앙정치국' 위원 25명을 선출하였고, 같은 맥락으로 25명 중 중앙정치국 상무위원 7명을 선출한다. 이렇게 뽑힌 현 상무위원이 바로 시진핑, 리커창, 장더장, 위정성, 리우원산, 왕치산, 장가오리이다.

■ 국무원

독립기관인 국무원의 실질적인 지위는 전인대와 전인대 상무위원회의 종속적인 위치에 있다. 따라서 전인대에서 정한 법률에 따라 정책을 집행한다. 국무원 간부는 총리(리커창)와 부총리(4명), 국무위원(5명), 각부의 부장(현 25명)으로 구성되어 있다. 총리, 부총리, 국무위원의 임기는

5년이며 연임은 1회로 제한한다. 현 국무원 총리는 리커창이며 임기는 2018년 3월까지다.

■ 중앙군사위원회

중앙군사위원회는 중국 전역의 군대를 관리하는 최고 군사기관이다. 전인대와 공산당 산하에 각각 하나씩, 총 2개가 있다. 사실상 중앙군사위원회는 공산당에서 창건한 군대로 공산당이 관리해왔기 때문에, 군대의 실질적인 통수권은 공산당 내에 있었다. 그러나 1982년에 새로운 헌법이 공포된 후 국가 중앙군사위원회가 건립되어 국가기구가 되었다. 이로 인해 공산당의 중앙군사위원회와 국가의 중앙군사위원회가 중복되었고 두 기구가 명칭에서도 일치되었다. 한마디로 기구는 두 개인데 사실상 중복된, 명칭뿐만 아니라 구성원까지 일치하는 같은 조직이라는 것이다. 중앙군사위원회의 주석 임기는 5년이지만 연임에 대한 제한은 없다. 물론 중앙군사위원회 주석은 국가주석이 겸임한다. 따라서 현재 중앙군사위원회 주석은 시진핑이다.

💰 시진핑 정권 1기, 그들의 성향을 파악하자

중국 지도부는 집단지도체제를 택해왔다. 그들은 잦으면 격일로 모여 회의를 하고, 때로는 여름휴가도 같이 간다(베이다이허 회의). 다수결을 원칙으로 하고 있지만 대부분 만장일치로 결정된다. 그래서 임기(2017년 10월 전대에서 차기 지도부 결정, 2018년 3월 퇴임) 동안 그들의 성향은 정부가 주도적으로 행하려는 정책의 우선순위와 방향성, 정책의 강도에도 영향을 미친다.

현재 상무위원들은 그동안의 집단지도체제와 틀은 같지만 무언가 다

중국 최고지도자 세대 구분

1세대	2세대	3세대	4세대	5세대
(1949~1976)	(1976~1989)	(1989~2002)	(2002~2012)	(2012~)

마오쩌둥(毛澤東)	덩샤오핑(鄧小平)	장쩌민(江澤民)	후진타오(胡錦濤)	시진핑(習近平)
해방과 건국	개혁개방	경제의 고도성장	성장과 안정의 조화	21세기 초강대국

도표 1-11 시진핑 정권의 상무위원

서열	이름	직위	출생년월	세대	출신	당파	학력
1	시진핑	중앙서기서 서기, 국가주석	1953.6	5	산시성	태자당	칭화대
2	리커창	국무원 총리	1955.7	5.5	안후이성	공청단	베이징대
3	장더장	전인대 의장	1946.11	4.5	랴오닝성	상하이방	옌벤대, 김일성대 유학
4	위정성	정협 의장	1945.4	4.5	저장성	태자당	하얼빈군사 공정학원
5	리우윈산	국가부주석, 중앙선전부 부장	1947.7	4.5	산시성	상하이방 때로는 공청단으로 분류되기도 함	중앙당교
6	왕치산	군사기율위원회 의장	1948.7	4.5	산시성	태자당(중립적)	시베이대
7	장가오리	국무원 부총리	1946.11	4.5	푸젠성	상하이방	샤먼대

르다. 장쩌민 시대와 후진타오 시대에는 상무위원(9명)이 각각 한 표를 행사해왔다면, 시진핑 시대에 들어서는 해가 갈수록 시진핑의 권력이 강해지고 있는 것이다. 정치적인 필요성에 따라 현 상무위원(7명)의 동의 하에 강한 권력을 몰아줬으나, 결과적으로 시진핑은 '상무위원 위의 또 하나의 존재'가 되고 있다.

■ 시진핑_화합과 권력

중국을 이끄는 1인자, 시진핑의 정치적 배경에는 공청단인 후진타오를 경계하기 위한 상하이방 장쩌민 전 국가주석과 태자당의 쩡칭훙 전 국가부주석이 있다. 게다가 시진핑은 후진타오 전 국가주석의 칭화대 후배이기도 하고, 당 중앙군사위원회 위원 겸 비서장이었던 겅뱌오의 비서로 3년간 일한 경력이 있어 군내 지지자도 많다. 대내외적인 경력을

도표 1-12 시진핑

핵심 키워드
뉴노멀, 반부패, 금
융개혁, 강한 중국,
하나뿐인 중국

1953년	6월 베이징에서 출생
1967년	문화대혁명으로 산시성, 옌안 생산대, 량자허대대에 입대
1974년	중국 공산당에 입당
1975년	칭화대 입학
1979년	중앙군사위 겅뱌오의 비서가 됨
1985년	푸젠성 샤먼시 부시장(32세)
1987년	유명 가수 펑리위안과 결혼(34세)
1995년	푸젠성 부서기로 승진(42세)
2000년	푸젠성장(46세)
2002년	저장성 서기(48세)
2007년	상하이시 서기(53세)
2008년	중앙정치국 상무위원, 중앙서기처 서기(54세)
2010년	중국 국가부주석(56세)
2012년	중국 당대표(58세)
2013년	중국 국가주석(59세)

감안했을 때 시진핑은 여러 당파를 아우를 수 있는 입지를 갖고 있다.

시진핑은 태자당 출신이다. 아버지 시중쉰은 중국 공산당 중앙선전부 부장, 정무원 비서장, 국무원 부총리, 전국인민대표대회 부위원장을 지냈다. 1962년 시진핑이 9살 때 아버지 시중쉰은 '류즈단 사건'으로 불리는 공산당 내분 사건에 휘말리면서 숙청되었다. 이때부터 시진핑은 고급관료 자녀가 다녔던 81학교에서 쫓겨나 농촌으로 하방下放됐다. 처음에는 적응을 못하기도 했지만 음식, 생활, 벼룩 등을 이겨내며 7년간의 하방생활을 통해 민중들의 삶을 체득했다.

집권 초기 1년 동안 시진핑은 그의 성향을 드러내지 않았다. 그는 2012년 18차 공산당 당대회에서 당총서기가 되었고 국가지도자로 낙점되었다. 이듬해 3월 정식으로 중앙군사위 주석직과 국가주석직을 이어받았다. 2년 반이 흐른 지금 시진핑은 국가안전위원회 주석, 중앙전면심화개혁영도소조조장, 중앙외사영도소조조장, 중앙타이완공작영도소조조장, 중앙인터넷안전소조조장, 심화국방군대개혁영도소조조장, 중앙재경영도소조 조장을 맡고 있다. 이로 미루어보면 중국에서 강하게 외치고 있는 '법치'와 '개혁'의 총수는 시진핑이고, 대외적인 문제와 타이완과의 협상시 최고 총수도 시진핑 그다. 거기에 검찰, 감찰, 언론통제권, 재정문제 등의 경제권도 시진핑이 가지고 있다. 시진핑 1인집권체제가 강해지고 있는 것이다.

시진핑의 성향은 그의 대표적인 발언을 통해서도 엿볼 수 있다.

"인화단결이 목표는 아니지만 인화단결을 잘하면 일을 비교적 잘할 수 있다."

"나의 성장 동력은 산베이陝北(산시성 북부지역)에서 시작됐다."

"지도자는 정무에 종사하면서 사람과 사람의 관계를 처리하는 데 열정의 70%를 써야 한다."

■ 리커창_시진핑의 야율초재

2004년 세계 언론은 리커창을 중국의 차기 지도자로 주목했다. 심지어 일부 매체는 그가 허난성과 랴오닝성 당서기로 재직할 때 '내일의 태양'이라 일컫기도 했다. 2007년 전체회의에서는 시진핑과 함께 상무위원 9명의 명단에 이름을 올렸으나 서열 7위로 결정되었다. 당시 서열 6위는 떠오르는 다크호스 시진핑이었다.

리커창은 과거에 친화력이 뛰어나고 청빈한 관리로 알려졌다. 또한 공

도표 1-13 리커창

핵심 키워드
중부굴기, 보장성주택,
경제통계의 투명화

1955년 7월 안후이성 딩위안에서 출생
1976년 5월 중국 공산당에 입당
1974년~1976년 안후이성 풍양현 동령대대 지식 청년
1976년~1978년 안후이성 풍양현 동령대대 당 지부서기
1978년~1982년 베이징대학 법률학과, 학생회 책임자
1982년~1983년 베이징대학교 청년단 서기
1983년~1985년 청년단 중앙학교부장 겸 전국학생연합회 비서장
1985년~1993년 청년단중앙서기처서기 겸 전국청년연합부주석
1988년~1994년 베이징대학교 경제학석사, 박사
1993년~1998년 청년단중앙서기처 제일서기 겸 중국청년정치학원
　　　　　　　원장
1998년~1999년 허난성 성위원 부서기, 대리성장
1999년~2002년 허난성 성위원 부서기, 성장
2002년~2003년 허난성 성위원 서기, 성장
2003년~2004년 허난성 성위원 서기, 성인대 상무위원회 주임
2004년~2005년 랴오닝성 성위원 서기
2005년~2007년 랴오닝성 성위원 서기, 성인대 상무위원회 주임
2007년~2008년 중앙정치국 상무위원회 위원
2008년 중앙정치국 상무위원회 위원, 국무원 부총리 등
2013년 중국 국무원 총리(61세)

청단 경력이 16년 이상이고 후진타오와 멘토-멘티지간이었기 때문에 '리틀후'로도 불린다. 농업대성農業大省이라 불리는 허난성 성장 출신인 그는 랴오닝성 당서기로 부임 후 지금의 보장성주택 건설의 시초에 해당하는 '100만 호의 판자촌 개조사업'을 시행했다. 게다가 리커창은 중부를 일으키려는 '중원굴기'를 처음 제창한 이로, 최근 들어 더욱 균형 발전에 치중한 성향이 나타나고 있다.

그동안 중국의 경제총리 자리에는 이공계 출신이 자리잡고 있었다면, 리커창은 베이징대 경제학 박사 출신이다. 리커창은 중국경제를 좌지우지할 총리가 되기 이전부터 "중국경제 실상을 알려야 한다"고 주장해왔다. 그는 총리이기 이전에 한 명의 경제학도로서 조작된 지표를 바로잡고 투명도와 신뢰도를 강조해왔다.

한 연구기관에 따르면 2019년엔 중국이 미국의 GDP 규모를 추월할 것이라고 한다. 이를 통해 중국 총리의 파워는 중국뿐만 아니라 국제무대에서도 높아질 것이다. 하지만 2014년 말에 리커창 총리 사퇴압력설이 홍콩 잡지 〈정경政經〉을 통해 보도되기도 했다. 그의 건강 악화설과 시진핑의 1인집권체제가 강력해지면서 나오는 말인 듯하다.

필자는 정치적인 개입과 암투 등에 대해서는 '사실'만을 전하고 싶기에 '사퇴설'이 있다는 정도만 언급하고 싶다. 어쨌든 경제박사 리커창이 중국경제를 이끌어 온 지난 시간 동안은 '지속가능한 발전을 위한 경제 구조조정'이 진행되고 있다. 다 그가 주장했던 말들이다. 향후에도 리커창이 지속적으로 중국경제를 이끌어간다면 조작 불가능한 '통계국의 독립'을 기대해 볼 수도 있을 것이다.

중국에는 "與一利不若除一害 生一事不若滅一事(하나의 이익을 얻는 것이 하나의 해를 제거함만 못하고, 하나의 일을 만드는 것이 하나의 일을 없애는 것만 못하다)"라는 말이 있다. 칭기즈칸의 참모 야율초재가 한 말이다. 지혜로 무장한 최고의 참모 야율초재, 리커창이 정치적 외압을 이겨내고 시진핑의 야율초재로 남아주길 바란다.

■ 장더장_유창한 한국어 실력의 경제통

서열 3위 장더장은 동북지역에서 태어났다. 문화대혁명 기간 홍위병으로 활동했고, 장더장 역시 하방생활을 경험했다. 하방된 곳이 동북지역 내 조선족 자치구 왕칭현이었고, 그 때의 인연으로 옌벤대 조선어학과에 입학해 북한(김일성대)에서도 유학생활을 할 수 있었다.

도표 1-14 장더장

핵심 키워드
국유기업 육성론

1946년 11월 랴오닝성 출생
1968년~1970년 지린성 왕칭현 지식 청년
1970년~1972년 지린성 왕칭현 선전기관 청년단 지부서기
1971년 중국 공산당 입당
1972년~1975년 옌벤대학교 조선어학과
1975년~1978년 옌벤대학교 조선어학과 당부서기, 학교 당위원
1978년~1980년 조선김일성종합대학 경제학, 유학생 당지부 서기
1980년~1983년 옌벤대학교 당위원, 부교장
1983년~1985년 지린성 연길시 부서기, 옌벤주 상무위원
1985년~1986년 지린성 옌벤주 부서기
1986년~1990년 민정부 부부장, 당 부서기
1990년~1995년 지린성 부서기 겸 옌벤주 서기
1995년~1998년 지린성 서기, 성인대 위원회 주임
1998년~2002년 저장성 서기
2002년~2007년 중앙정치국위원, 광동성 서기
2007년~2008년 중앙정치국위원
2008년 중앙정치국 상무위원, 국무원 부총리, 국무원 안전생산위원회 주임
2013년 전인대 상무위원장

현재 전인대 상무위원장이며 대외적인 서열로는 리커창의 뒤를 이은 3위이다. 지린성 당서기에 이어 저장성과 광둥성의 당서기를 역임했다. 2000년대 초반 사스^{SARS}사태 때 광둥성 당서기로 있던 장더장은 초기 대응에 실패한 것에 대한 책임으로 위기가 있었으나, 보시라이 사건 이후 어수선한 충칭시의 당서기도 겸직하면서 당내 입지를 굳혔다. 유창한 한국어 실력으로 대한국, 대북한 일정에 관여하고 있다.

특이한 점은 장더장이 주장해왔던 이론이다. 국진민퇴國進民退, 즉 분배보다는 성장이 우선이라는 국유기업 육성론이다. 그동안 장더장은 저장성과 광둥성에서 국유기업 중심으로 경제를 발전시켜왔고 그 결과는 대단했다. 다만 지금은 시대가 바뀌었다. 현 지도부는 강한 개혁을 위한 영도소조領導小组 leading small group를 꾸렸고, 정치개혁뿐만 아니라 경제구조의 개혁도 꿈꾼다. 특히 세제개혁과 가격의 시장화, 호구제도 개혁, 그리고 국유기업의 민영화도 여기에 해당한다. 장더장의 주장과 지도부의 방향성이 대립되는 대목이다.

장쩌민의 남자이자 상하이방인 장더장은 현재 '사냥된 호랑이'와 친분이 있기 때문에 반부패 칼날이 조심스러울 것이다. 또한 광둥시에서 당서기를 지냈을 때 농민들의 시위를 무장진압했던 전력이 있어 민심은 크게 얻지 못하고 있다.

■ 위정성_뼛속까지 태자당

위정성은 전인대와 함께 양회兩會를 구성하고 있는 정협(전국정치협상회의) 주석이다. 상하이시 당서기를 지냈으며 태자당 중에서도 '황친국척皇親國戚'이라 불리는 거물급 세도가이다. 아버지 위치웨이(예명 황징)는 톈진시 시장과 국가기술위원회 주임 겸 제1기계공업부 부장(장관)까지 지

핵심 키워드

정치개혁은
이제 그만

1945년　4월 저장성 출생
1963년~1968년 하얼빈군사공정학원에서 미사일공정학 공부
1964년 중국 공산당에 입당
1968년~1971년 허베이성 장지아코시 무선전기6공장 기술자
1971년~1975년 허베이성 장지아코시 무선전기6공장 책임자
1975년~1981년 제4기계공업부전자기술응용연구소 엔지니어
1981년~1982년 제4기계공업부전자기술응용연구소 부총엔지니어
1982년~1984년 전자공업부전자기술응용연구소 부소장
1984년~1985년 중국 장애인복리기금회책임자, 부 이사장
1985년~1987년 산둥성 옌타이시 부서기
1987년~1989년 산둥성 옌타이시 부서기, 시장
1998년~1992년 산둥성 칭다오시 부서기, 부시장
1992년~1994년 산둥성 상무위원회 위원, 칭다오시 시장
1994년~1997년 산둥성 상무위원회 위원, 칭다오시 서기
1997년~1998년 건설부 당서기, 부부장
1998년~2001년 건설부 부장, 당서기
2001년~2002년 후베이성 서기
2002년~2007년 중앙정치국 상무위원, 후베이성 서기(2007년 10
　　　월까지)
2007년 중앙정치국 상무위원, 상하이시 시위원회 위원, 상무위원
　　　회 위원, 서기
2013년　정협 서기

냈고, 어머니 판진은 베이징 부시장을 지냈다. 그의 증조부 위밍전은 청
나라 말기 때 세금총국 국장이었다. 또한 아버지의 숙부 위다웨이는 타
이완의 국방부장을 지냈고, 그의 아들 위양은 장제스(장개석)의 손녀 장
샤오장과 결혼했다.

　이러한 가족사로 1960년대의 문화대혁명 당시 가족 중 9명이 실각되
거나 사망했을 만큼 박해를 받았고, 그 역시 허베이성으로 하방되었다.
하지만 부친의 수하였던 장쩌민 전 주석의 도움으로 칭다오시 시장과 국가건설부장, 후베이성 서기를 거쳐 상하이시 당서기로 자리매김할 수 있게 되었다.

위정성은 국가건설부장으로 있을 때 주장해오던 정책은 주택제도 개혁으로 주택보급률이 확대되었다. 또한 상하이 시장으로 있을 때는 2020년까지 상하이를 국제 금융허브로 만들겠다고 주장했던 점을 미루어 보면 향후 3년간 그의 정책 성향을 엿볼 수 있다.

다만 베이징 경찰이던 위정성의 형 위치앙성이 중국의 1급 비밀을 가지고 미국으로 망명한 것이 정치적 아킬레스건이다.

■ **리우윈산_언론통제 담당**

중국에서는 신문사 · 방송사 등 보도 관련 기자와 편집 담당자 등 25만

도표 1-16 리위윈산

핵심 키워드
언론통제, 외신기자 통제

1947년 7월 산시성 출생
1964년~1968년 네이멍구자치구 지닝사범학교에서 공부
1969년~1975년 네이멍구자치구 투모터우기(네이멍구 자치구 현급 행정부) 선전부 책임자
1971년 중국 공산당에 입당
1975년~1982년 신화통신 네이멍구 분사 기자
1982년~1984년 청년단네이멍구자치구위원회 부서기
1984년~1986년 네이멍구자치구 당선전부 부부장
1986년~1987년 네이멍구자치구 선전부 부장
1987년~1991년 네이멍구자치구 당위원회 위원
1991년~1992년 네이멍구자치구 당위원회 위원, 츠펑시 서기
1992년~1993년 네이멍구자치구 부서기
1993년~1997년 중앙선전부 부부장
1997년~2002년 중앙정신문명건설지도위원회 주임
2002년 중앙정치국 상무위원, 중앙서기처 서기, 중앙선전부 부장
2013년 중앙정치국 상무위원, 국가부주석

명이 '중국특색 사회주의', '마르크스주의 보도관' 등에 대한 교육을 받고 시험을 치른다. 2013년 언론담당 리우윈산의 정책이다. 신화통신 기자 출신으로 중앙선전부 부장을 지내며 일찍이 언론통제, 구글·인터넷 검열, 외국기자들의 출입국 통제 등을 관리감독했던 인물이다. 그래서 그런지 그를 향한 민심은 그리 좋지 않다.

■ 왕치산_염라대왕의 칼자루를 쥔 시진핑의 오른팔

시진핑의 반부패정책을 가장 앞서서 진두지휘하는 무표정의 그는 왕치산이다. 리커창의 권한이 줄면서 시진핑의 1인지배체제로 바뀌고 있는 가운데, 일각에서는 시진핑-왕치산 체제라고 칭하는 사람이 있을 정도로 그의 역할은 막강하다. 중국 부패관료들에게 왕치산은 염라대왕보다 더 두려운 존재다.

왕치산은 부모 중 고위관료를 지낸 사람도 없는데 태자당으로 불리고, 칭화대에 다닌 것은 아니지만 왕치산의 아버지가 칭화대 교수를 역임했기에 칭화방으로 불린다. 왕치산은 12년 동안 역사 연구를 했고, 7년 동안 농촌 연구에 매진했는데 금융통으로 불린다. 그런 그가 중앙기율검사 위원회를 맡았다. 그런데 참으로 잘해내고 있어 시진핑의 오른팔이 되었다. 왕치산은 야오이린 부총리의 사위로 태자당이 될 수 있었다. 장인어른을 잘 만난 케이스다.

왕치산은 베이징시 시장으로 재직시 전염병 사스를 처리하는데 신속하게 대처해 긍정적인 평가를 받았고, 주요국과의 대외업무 능력에서 원로들로부터 인정받고 있다는 평이 있다. 그는 '해결사'로 불린다. 금융위기가 아시아를 강타해 중국경제의 본고장인 광둥성이 흔들릴 때 광둥성을 구했고, 2000년대 초반 사스 때도 구원투수가 되었다. 뿐만 아니라

핵심 키워드

금융개방,
반부패정책 강화

1948년 7월 산시성 톈젠현 출생
1969년~1971년 샨시성 옌안현 풍장공사 지식 청년
1971년~1973년 샨시성 박물관
1973년~1976년 시베이대학교 역사학과
1976년~1979년 샨시성 박물관
1976년~1982년 중국사회과학원 근대역사연구소 인턴연구원
1982년~1986년 중앙서기처 농촌정책연구실, 국무원 농촌발전연
구센터 처장
1983년 중국 공산당 입당
1986년~1988년 국무원 농촌발전 연구센터 센터장
1988년~1989년 중국농촌신탁투자공사 총경리, 당위원 서기
1989년~1993년 중국인민건설은행 부행장, 당조직 구성원
1993년~1994년 중국인민은행 부행장, 당조직 구성원
1994년~1996년 중국인민건설은행 행장, 당서기
1996년~1997년 중국건설은행 행장, 당서기
1997년~1998년 광둥성 위원회 상무위원
1998년~2000년 광둥성 위원회 상무위원, 부 성장
2000년~2002년 국무원경제체제개혁 사무실 주임, 당서기
2002년~2003년 하이난성 서기, 성 인대 상무위원회 주임
2003년~2004년 베이징시 위원회 부서기, 대리시장
2004년~2007년 베이징시 위원회 부서기, 시장
2007년~2008년 중앙정치국위원
2008년 중앙정치국위원, 국무원 부총리
2013년 중앙정치국 상무위원, 군사기율위원회 위원장

2006년 중국–아프리카 협력포럼과 2008년 베이징 올림픽도 무사히 마
치도록 한 일등공신으로 인정받고 있다. 당시 베이징의 가장 큰 난제는
교통문제였는데 왕치산은 언론매체와 이동통신을 이용해 시민들의 협
조를 구하는 등 신속하고 정확한 대처로 성공적인 올림픽 개최에 기여했
다는 평이다.

장가오리

핵심 키워드
신도시 건설

1946년 11월 푸젠성 출생
1965년~1970년 샤먼대학교 경제학 통계학 전공
1970년~1977년 광둥마오밍 석유공사 직원, 화사 청년단 서기
1973년 중국 공산당에 입당
1977년~1980년 석유부 광둥마오밍 석유공사 정유공장 당위 서기
1980년~1984년 석유부 마오밍석유공업공사 당위위원
1984년~1985년 광둥성 마오밍시 위원회 부서기, 중국석화총공사
　　　　　　　 마오밍 석유공업공사 경리
1985년~1988년 광둥성 경제위원회 주임, 당서기
1988년~1992년 광둥성 부성장
1992년~1993년 광둥성 부성장 겸 성 계획위원회 주임
1993년~1994년 광둥성 부성장, 당서기
1994년~1997년 광둥성 상무위원회 상무위원, 부성장
1997년~1998년 광둥성 상무위원회 상무위원, 선전시 서기
1998년~2000년 광둥성 상무위원회 부서기
2000년~2001년 광둥성 부서기, 선전시 서기, 시인대상무위원회
　　　　　　　 주임
2001년~2002년 산둥성 부서기, 성장
2002년~2003년 산둥성 서기, 성장
2003년~2007년 산둥성 서기, 성 인대 상무위원회 주임
2007년 중앙정치국 상무위원, 톈진시 서기
2013년 중앙정치국 상무위원, 국무원 부총리

■ **장가오리_신도시 건설에 주력**

　장가오리는 가난한 농부의 막내아들로 태어나 샤먼대학교 경제학과를 졸업한 뒤 석유회사에 입사했다. 정치적인 꽌시가 전혀 없는 장가오리는 석유회사에 다닌 경력 때문에 석유방 혹은 상하이방으로 분류된다. 정치에 입문한 이후 선전시 시장으로 지내면서 건물을 짓고 도로를 확충시키며 신도시를 만들어, 선전시를 1선 도시로 등극시키는데 성공한다. 이후 선전시 시장을 지낼 때는 막대한 자금을 투입하여 시의 경제

를 성장시켰다. 장가오리가 우리나라를 방문할 때 '분당 신도시', '일산 신도시' 등을 주의 깊게 돌아봤다는 점으로 미루어 보아 신도시 건설에 주력할 인물로 판단된다.

　장가오리는 정치적인 라인은 없지만 장쩌민과 인연이 있고, 장더장의 '국진민퇴'와 비슷한 성향을 가지고 있는 인물이다.

　각자 한표 한표를 행사하여(사실은 만장일치지만) 과반수로 결정되기에는 중앙정치국 상무위원 7명 모두의 성향이 강하다. 어찌보면 '상무위원 위의 또 하나의 존재(시진핑)'가 필요한 것이 당연한 상황인지도 모른다. 그들의 장점을 잘 취합하여 이끌어나갈 사람이 필요한 시기라는 것을 그들이 그 누구보다 잘 파악하고 있는 듯하다. 그런데 그 누군가가 최근 "뉴노멀(신창타이)"을 외친다.

 참고 **서부대개발과 중부굴기, 그 개념을 알아보자**

　서부대개발이라는 개념의 모체를 찾으려면 덩샤오핑(2세대) 시대로 거슬러 올라가야 한다. 덩샤오핑은 "중국의 동부 연해지역을 먼저 개발하자"는 선부론先富論과 "먼저 개발된 동부 연해지역의 역량을 활용해 중부와 서부지역 개발을 공동모색하자"는 양개대국론兩個大局論을 주장했다.

　동부연안의 경제성장률이 일정 수준에 도달하자, 3세대 지도자인 장쩌민은 서부대개발을 언급했다. 그 후 2000년대 들어서부터 본격적으로 강조되었다. 서부대개발은 50년에 걸친 장기적인 계획으로 쉽게 말하면 1단계(2000~2010년)에 인프라를 깔고, 2단계(2010~2030년)에 개발거점을 육성하며, 3단계(2031~2050년)에 서부 전역을 고루 개발시킨다는 구상이다. 현재는 50년 계획 중 15년째이고, 개발거점을 집중적으로 발전시키는데 주력하고 있다. 목적은 동쪽연안에 쏠려 있는 부富와 인력人力을 중서부로 골고루 이동시키려는 것이다.

4세대 후진타오 시기에 차기 지도부 핵심 인물로 거론되었던 리커창은 서부를 개발하기 전 단계로 "중부를 일으키자"는 중부굴기, 중원굴기를 주장했다. 그 가운데 '중원경제구역 계획'이 발표되었고 현재도 진행중이다. 허난성을 중심으로 중국의 중원지역을 집중발전시키려는 정책이다. 계획의 핵심은 '新3化'정책이다. '신농업의 현대화, 신공업화, 신도시화'이다. 특히 이 모든 정책은 환경이나 주변 생태계를 파괴하지 않는다는 것을 전제로 한다. 허난성의 성도 정저우시에서는 뉴타운이 지어지고 있고, 주변 각 도시 간 교통망 구축에도 앞장서고 있다. 중부지역에 광역화가 일어나고 있는 것이다.

 시황제 시진핑과 윤곽을 드러낸 차기 지도부 후보

중국의 현 국가주석 시진핑의 권력이 강해진 데는 정치적인 계기가 있었다. 3세대 지도자 장쩌민이 국가주석과 당대표 직위를 4세대 지도자 후진타오에게 물려주면서도 군사위 주석직은 2년간 유지하였고, 4세대 중앙정치국 상무위원에 장쩌민의 오른팔 저우용캉을 두면서 상왕정치를 해왔다. 4세대 지도부는 상무위원 9명이 의사결정권에 대해 각각의 한 표를 행사해왔는데, 저우용캉을 중심으로 장쩌민 세력이 과반수를 넘게 차지함으로써 후진타오의 의도대로 정책이 운영되기에는 무리가 있었다.

그러던 중 후진타오 집권 말기 갑작스럽게 사건이 하나 일어난다. 일명 '왕리쥔 사건–보시라이 사건'이다. 충칭시의 당서기였던 보시라이의 심복 왕리쥔이 미국 영사관으로 망명을 신청하면서 드러난 사건이다. 왕리쥔은 중앙기율위원회로 압송되었고, 뒤이어 보시라이 부인의 살해혐의와 보시라이의 부정축재에 대한 조사가 시작됐다. 조사 과정 중 '결정적 증인'을 놓고 조사단측과 보시라이 후원측의 무력충돌도 있었고, 그 와중에 보시라의 후원측 라인이 저우용캉까지 직결되어 있다는 것이 드러났다. 또한 차기 정권 1인자인 시진핑 대신 보시라이를 앉히려는 쿠테타까지 계획했다는 소문이 돌기도 했다. 사실 여부는 확인되진 않았지만 가능성이 크다는 소문이 지배적이었다. 때문에 후진타오의 바통을 이어받은 시진핑은 강한 권력을 기반으로 원로들에 대한 반부패정책을 펼치면서 '호랑이 잡기'에 나섰고, 민심까지 얻게 되며 '시황제'로 거듭나고 있다.

시진핑의 임기는 2022년까지다. 시진핑 정권의 뒤를 이은 6세대 지도부는 아직 확정된 것이 아니다. 그들이 확정되는 시기는 6~7년 뒤다. 그러나 대강의 윤곽이 드러나고 있다. 2017년 10~11월 개최되는 19차 당대회에서 현재 중앙정치국 위원 25명 중 11명이 나이제한으로 은퇴할 예정이다. 시진핑 집권 2기(19차 당대회)를 2년 남짓 앞둔 현재, 중앙정치국 위원으로 승진할 가능성이 있는 이들이 서서히 움직이기 시작했다. 특히 베이

● **차기 6세대 지도부 후보**

성명	직책	경력	평가
왕양	부총리	광둥성 당서기, 충칭시 당서기	왕치산의 후밍으로 유력. 덩샤오핑이 발탁했으며 후진타오와 시진핑 모두 우호적. 공청단으로 분류되나 베이징 공청단 경력이 없어 파벌정치에서 자유롭다는 평
후춘화	광둥성 당서기	네이멍구자치구 당서기, 허베이성 당서기	티베트에서 20년 근무. 1989년 티베트 폭동 진압 후 공청단 제1서기로 발탁. 후진타오와 여러 행적이 닮아 '리틀 후진타오'라 불림
쑨정차이	충칭시 당서기	지린성 당서기, 농업부 부장	"정치(政)에 재능(才)이 있다"고 평가받고 있음. 43세에 최연소 장관(농업부장)에 임명됨. 공산당 총서기가 되려면 최소한 2곳 이상의 지방행정과 1곳 이상의 중앙행정 경험이 필요한데 왕양, 후춘화에 비해 지방행정 경험이 부족하다는 것이 약점

징, 상하이, 텐진, 충칭 이 네 개의 도시는 중앙정치국 위원이 당서기를 맡기 때문에 이들 직위에 주목할 필요가 있다. 최근 쑨춘란 텐진시 당서기가 통일전선부장으로 이동했고, 황싱궈 텐진시장이 텐진 당서기로 승진했다는 점은 예사롭지 않다.

2015년 9월 현재까지 6세대 지도부의 강력한 후보들은 왕양 부총리(전 광둥성, 충칭시 당서기), 후춘화 광둥성 당서기(전 네이멍구·허베이성 당서기), 쑨정차이 충칭시 당서기(전 지린성 당서기, 농업부 부장) 등이다. 그들은 리우링허우(60後)* 세대이다. 앞서 언급했듯이 6세대 지도부는 확정된 것이 아니며 누구라고 단언하기도 어렵다. 장쩌민과 시진핑만 보아도 차기 지도자로 거론되지도 않다가 뒤늦게 부각한 전례를 봤을 때 향후에도 상황은 변할 수 있다.

*리우링허우(60後)는 1960년대 이후 출생자를 뜻한다. 참고로 1970년대 출생은 치링허우(70後), 1980년대 출생은 빠링허우(80後)이다. 빠링허우 세대는 현재 중국의 최강 소비계층으로 자리잡고 있다.

Part 2

경제 · 정책편_

시진핑 정부의
정책을 파악하자

중국정부는 무슨 회의가
이렇게 많은 것일까

💰 중국 연간회의의 중요성

사례 3

얼마 전 중국펀드를 시작했다는 고객이 찾아왔다. 중국증시가 많이 빠졌길래 펀드에 가입했고, 실제로 수익도 꽤 괜찮은 상황이라고 한다. 그런데 몇 년 전 중국펀드를 했던 경험이 있고, 그 당시의 급락으로 원금손실이 컸다고 얘기한다. 때문에 이번만큼은 남들이 좋다니까 사는 것이 아닌, 스스로 중국을 어느 정도 알고 투자하기로 했단다. 그런데 공부를 하면 할수록 무슨 말인지 모르겠고, 무슨 회의가 그리 많은 것인지, 5중전회는 무엇이며, 중앙경제공작회의와 전인대는 무엇인지, 굳이 그걸 알아야 하는지 궁금해했다. 필자는 중국 공산당의 연간회의 일정 로드맵을 그려줬다.

*〈도표 2-2〉 참고

2014년 후강통이 출범되고 난 뒤, 또 다시 중국주식 투자붐이 일어났다. 그리고 2015년 6월 중순, 중국증시가 급락한 이후 변동성이 확대되면서 더욱 문의가 많아졌다. 몇 년 전까지만 해도 국내 주식을 운용하는 펀드매니저들이 필자의 주된 고객층이었다면, 후강통이 시작된 뒤에는 해외주식 운용역과 증권사의 상품개발팀 역시 자문을 구해온다.

뿐만 아니다. 국내 기업들도 마찬가지다. 중국의 철강가격과 중국의 재고량이 국내 철강기업 실적에 영향을 주고 있다. 중국에서 부동산 시장을 규제하는지의 여부에 따라 우리나라 소재 기업들의 실적도 영향을 받는다. 중국에서 부정부패 척결을 위해 고위직들의 해외여행을 억제한다는 정책이 나오면 우리나라의 화장품, 여행, 카지노, 호텔 관련 기업들이 바짝 긴장하는 상황이 벌어진다. 자동차, 휴대폰, 여행 등 모든 산업과 분야가 중국과 연관이 있다 보니 그만큼 중국 이슈 하나하나가 관심거리다.

주식시장을 잘 모르더라도 소공동에 있는 롯데백화점에서 면세점을 싹 쓸어가는 중국인들을 보면서 많은 생각이 들 것이다. 춘절, 노동절, 국경절 등 중국의 연휴가 시작될 즈음이면 뉴스에서 '요우커(중국인 관광객)'라는 단어를 많이 들을 수 있을 것이다. 이 시기에 맞춰서 백화점마다 중국인 관광객을 대상으로 프로모션을 계획하기도 하고, 중국인들이 즐겨찾는 호텔은 만실이 된다.

중국의 연휴와 맞물린 시기에 중국으로 해외여행을 가는 사람들은 대륙의 인산인해를 접할 수 있으며, 전인대 등 회의가 개최될 시기에 베이징을 방문하게 되면 '베이징이 이렇게 깨끗한 도시였나'라는 생각을 하게 될지도 모르겠다. 녹색어머니 같은 복장의 아저씨들이 신호등 앞에 서서 신호를 지키도록 유도하는 것도 볼 수 있다. 엄청나게 삼엄한 경비 속에 눈치를 보며 여행을 할 가능성도 있다. 메르스 종식 선언 이후에도 끊어진 요우커들의 발길을 돌리기 위한 백화점들의 할인행사가 이어지고 있고, 중국 은련카드 페이백서비스도 등장했다.

한마디로 중국과 관련된 분야가 확대되고 있으며, 중국을 알기 위한 갈증도 늘고 있다.

우리는 앞에서 중국의 정치기구와 주요 업무, 그리고 실질적인 소속 등을 통해 중국 정치 전반의 아웃라인을 확인했다. 이제 그것을 경제(나의 주식)에 대입해보자. 도대체 중국의 주요 기관들이 '나의 주식'과 어떤

중국의 경제 및 정치 회의

회의명	개최 시기	내 용
중국 전국인민 대표대회	매년 3월 초	(1) 주요 법률 제정 및 개정 : 연도별 구체적인 경제, 재정운용계획과 주요 부처 업무계획 승인 등 (2) 전인대 미개최 기간에는 전인대 상무위원회가 수시로 열려 주요 사안 심의(최근에는 전인대 기능이 점차 강화되고 있음)
베이다이허 회의	7월 말~ 8월초	(1) 베이징에서 2시간 거리 휴양지인 베이다이허에서 휴가철에 개최, 공산당 중앙위 전체회의(10월) 의제를 사전조율 (2) 법률상 공식회의는 아니며 경제정책 측면에서의 비중은 적음. 정치나 인사 등의 핵심의제만 논의
공산당 전국대표대회	5년에 한 번 (10월 중순)	(1) 정치, 경제, 인사 등을 결정하는 공산당 최대 행사 (2) 경제분야는 5개년 계획, 연도별 경제 운용계획 등이 사전에 개략적으로 논의됨
중앙경제 공작회의	매년 12월 초	당·정·의회 지도자가 참석, 당년도 경제성과를 평가하고 익년도 경제전망과 거시적인 정책 방향의 대강을 논의

관계가 있을까?

💰 중국 연간회의 일정부터 파악하라

　중국의 권력기구인 중국 공산당, 국무원, 전국인민대표회의에서는 매년 일정한 시기에 회의를 통해 관련 정책들을 발표한다. 특히 회의에서 발표된 정책은 향후 산업의 방향성을 제시한다. 그렇기 때문에 회의 전후로는 인사 청탁 등을 엄격히 제한하고자, 공산당원들은 주요 인사 면담이나 다른 어떠한 정치적 일정을 수행하지 못하게 되어 있다.

　〈도표 2-2〉는 중국 공산당의 연간회의 로드맵이다. 이 로드맵의 시작은 10월부터이다. 10월 국경절 연휴가 끝나고 10월 말부터 11월 중순 사이에 중앙위원회 전체회의(중전회)가 열린다. 참고로 4중전회는 네 번

도표 2-2 중국 공산당 연간회의 로드맵

| 10월 | 11월 | 12월 | 1월 | 2월 | 3월 | 4월 | 5월 | 6월 | 7월 | 8월 | 9월 |

- 전국대표대회(10~11월, 5년마다)
- 중앙위원회 전체회의(10~11월, 1년마다)
- 지역별 전인대(1~2월)
- 중앙경제공작회의(12월)
- 부서별 연례공작회의(12~1월)
- 정치협상회의(3월)
- 전국인민대표대회(3월, 전인대)
- 베이다이허 회의(7~8월)

째 중앙위원회 전체회의, 5중전회는 다섯 번째 중앙위원회 전체회의를
나타낸다.

　보통 1중전회에서는 새지도부의 상무위원(현재 7명)을 확정하고, 2중
전회에서 각각의 부서장(장관급)과 그 밖의 정부 인사가 확정된다. 이후
3중전회에서는 향후 5년의 청사진이 제시된다. 법으로 정해진 것은 아
니지만 보통 1중전회와 3중전회는 1년 정도의 시차가 있다. 이후 4중전
회부터는 1년 단위의 정책들이 결정된다.

　중전회에 관한 설명은 앞에서 자세히 했지만, 쉽게 말하면 1년에 한
번 정도 약 300여명 정도가 모여서 '올해 연말에 무엇에 대해 논의해야
하나'를 고민하는 자리이다. 현재 중국의 고민이 무엇인지 '고민거리 키워
드'가 제시되는 자리이다. 2014년에는 '법치'라는 단어가 처음 제시되었
고, '개혁의 심화'와 '대기오염'도 언급되었다. 이를 통해 향후 정책의 방
향성을 구체적이지는 않더라도 대략적으로나마 예상할 수 있다. 2015년
현재 중국의 고민거리는 '법치, 개혁, 대기오염' 등이다. 최소한 이것에
대해 논의가 이루어질 것이며, 규제나 부양 등 관련 정책이 출시될 것으
로 예상할 수 있다는 것이다.

　다음 주목해야 할 회의는 12월에 개최되는 '중앙경제공작회의'이다.

중앙경제공작회의에서는 대내외적인 측면을 고려하여 한 해를 정리하고, 내년도 경제정책을 수립하는 자리이다. 예를 들면 '성장률 둔화를 용인하는 뉴노멀시대에 시기와 상황에 따른 적절한 통화 완화조치'가 언급된다. 또는 '부동산을 규제하는 큰 방향성은 유지하되 경우에 따라서는 부분적으로 완화하겠다' 같이 세부적이지는 않지만, 중앙경제공작회의보다는 조금 더 구체적인 정책 방향성이 발표되는 자리이다. 다시 말해 중앙경제공작회의에서 언급된 산업에 대해 규제할 것인지, 부양할 것인지 방향성이 결정되는 시기이다.

중국에서 중앙경제공작회의가 끝나면 그때부터는 국무원 산하 25개 부서에서 부서별로 연례공작회의를 개최한다. 부서별 연례공작회의는 중앙경제공작회의와 비슷하게 1년을 정리하고 향후 1년의 방향성을 발표하는 회의이다. 각각 부서의 특색에 맞춰 진행된다. 인민은행은 통화정책을, 주택건설부는 부동산 정책을, 재정부는 향후 1년간 정부자금이 얼마나 투입될지 어느 분야에 투입될지를 논의한다. 증권감독관리위원회(증감위), 국가발전개혁위원회(이하 발개위) 이하 등에서도 1년의 방향성을 미리 언급한다. 매년 12월부터 1월 말까지는 중국에서 정책 출시가 가장 많이 나타나는 시기인 것이다.

소비정책을 발표하는 기관인 상무부를 예로 들면, 2015년에는 신에너지 자동차에 보조금을 지급할 것이고 신용소비를 늘리기 위한 정책들을 논의 중이라고 언급했다. 발개위는 민간기업들이 은행업무를 하도록 허용할 방침이라고 언급하기도 했다. 각 부서별로 관심 있는 구체적인 섹터가 언급되는 자리인 것이다. 사실상 주식투자자들은 전인대보다 더욱 관심을 가져야하는 시기다.

3월에는 전인대가 열리는데, 그 이전인 2월 말까지 중국의 31개 성·

도시에서 각각 지역별로 전인대가 열린다. 이제는 부서별이 아니라 지역별로 향후 1년의 안건을 논의하는 것이다. 예를 들면 베이징지역에서는 대기오염 문제가 크게 논의되기도 하고, 선전지역에서는 부동산 시장 위축문제가 더욱 크게 불거지기도 한다. 또한 충칭시에서는 임금인상 문제가 크게 부각되기도 하고, 푸젠성에서는 자유무역지구가 논의되기도 하며, 티베트에서는 국경지역의 경비강화가 가장 큰 이슈로 떠오르기도 한다.

이처럼 지역별로 특성을 고려하여 지역별 전인대가 개최되고 최종적으로 논의되면, 3월 초에 전국의 대표들이 베이징에 모여 전국인민대표대회(전인대)가 개최된다. 전인대는 보통 2주 정도 열리는데, 시진핑 집권 이후에는 열흘로 개최기간이 단축되었다. 전인대에서는 직전 해 10월에 열렸던 중전회부터 논의되기 시작된 모든 안건들이 언급되며, 31개의 성·도시 간의 화합, 56개 민족 간의 화합이 가장 큰 목표가 되어 회의가 진행된다. 특히 전인대에서는 중국정부가 향후 1년 동안 살림을 어찌해 나갈 것인지 대내외적인 방향성과 구체적인 수치가 제시된다. 경제성장률 목표치 7% 좌우, 물가 3%, 국방비 예산 10.1% 확대 등의 숫자가 이 시기에 발표된다.

전인대 기간 동안 언급된 문제들은 크게 이슈화된다. 대기오염 문제의 심각성이라던지, 영화티켓 가격인하 가능성, 임금인상 문제나 부동산 가격의 경직문제가 언급된다. 심지어 경제성장률 둔화로 중국경제의 경착륙 가능성이 되짚어지거나 공휴일을 늘리자는 얘기까지 다양하다. 중국의 모든 문제가 거론되고 이것은 언론을 통해 공개된다.

전인대가 끝나면 그에 따른 세부적인 정책들이 출시된다. 대기오염이 심각해지면서 일부 낙후시설 도태기업 명단이 발표되기도 한다. 베이징시의 경우 2015년에 800개의 공장(누적)을 퇴출하겠다고 발표하기도 하는 등 지역이나 부서에 따라 규제정책이 출시되기도 한다. 또한 대기오염에 맞춰 환경보호부에서는 2020년까지 공기청정기 시장을 30배 규모로 늘리겠다라던지, 상무부에서는 신에너지 자동차 구매시 승용차는 대당 최고 6만 위안(약 1,200만 원), 전기버스는 대당 최고 50만 위안을 지원해준다는 보조금지급 정책을 발표하기도 한다.

산업에 대한 규제나 부양 관련 정책이 구체화되어 나오는 시기가 바로 이때다. 관련 산업에 희비가 갈릴 때이고, 정부정책의 수혜를 받는 기업과 그렇지 못한 기업이 나뉘는 시기다. 화장품 기업이 갑작스럽게 대기오염을 이슈로 "그러길래 우리 클렌징 제품이 미세먼지를 씻어준 댔잖아"라고 언급하며 대기오염 관련주로 편승하기도 한다. 여기에 해외기업이 중국 관련주가 되기도 한다. 미국의 전기자동차 기업인 테슬라 모터스가 중국으로 진출을 가속화하고 배터리 공장을 신설하겠다는 계획 등을 발표하면서 중국 관련주가 되기도 하는 것이다. 이렇게 예상하지 못한 산업에도 기회는 온다. 바로 '축구'다. 축구굴기는 뒤에서 언급하고자 한다.

 중국의 정치는 베이다이허 바닷가에서 시작된다

베이다이허 회의는 중국 허베이성 보하이만 해변 휴양지 베이다이 호수에서 중앙 정치국 위원들, 공산당 지도부와 지방정부의 당서기, 기존의 원로들까지 매년 한 차례 국정을 논하며 여름휴가를 즐기는 자리이다. 마오쩌둥이 집권 당시 한여름에 가족들을 대동해 베이다이허 별장에서 한 달 가까이 머물곤 했었는데, 자연스레 다른 공산당 지도자들도 주변에 모여 함께 휴양을 즐겼다. 이를 덩샤오핑이 이어받았고, 이것이 베이다이허 회의의 실체이다. 참고로 3세대 주석 장쩌민은 1998년 베이다이허 회의에서 최대 라이벌인 차오스를 무력화시키며 본인의 입지를 다지기도 했다.

베이다이허 회의는 1958년부터 공식화되었으나 비공개적인 자리인지라 신화통신이나 인민일보를 대동하진 않는다. 그래서 구체적으로 다뤄지는 안건들은 공개되진 않는다. 다만 대부분 경제적인 안건은 배제하고 정치적인 라인이 형성되는 자리로 알려져 있다.

필자가 생각하는 중국의 가장 큰 리스크는 부동산도 아니고, 그림자 금융도 아니다. 바로 '사람'이다. 정치적 안정이 최우선 목표인 중국정부가 가장 경계하는 것은 민란, 폭동, 반란이다. 그렇기 때문에 중국의 모든 수뇌부들이 한자리에 모이는 베이다이허 회의 때는 흉흉해진 민심을 다독이기 위한 미니 부양책들이 출시되곤 한다. 중국의 비공식적인 정치회의를 세계 주식시장에서 주목하는 이유다.

수급보다 정책이 우선하는 국가, 중국

💰 2015년의 정책, 개혁

중국에 큰 변화가 찾아오고 있다. 바로 '법치'이다. 생각보다 빠른 속도로 변화되고 있으며 변화에 대한 적응도 놀랍다. '꽌시의 나라' 중국에서 무엇보다 우선적으로 정치개혁을 단행하고 있고 법을 택하여 법으로 통제하려 하고 있다. 뼛속부터 시작된 구조개혁이다.

2015년 현재 언급되고 있는 개혁의 구체적인 항목은 다음과 같다. 가격결정구조, 금융시스템, 재정세제, 토지, 호구제도, 행정체제, 총 6개 항목이다. 전력, 철도 등 정부가 독점해 온 산업을 민간으로 분산시켜야 하는 과제와 수도나 가스, 정유 등 정부가 수급을 고려하지 않고 임의로 가격 책정을 해왔던 것을 시장화시키는 과제 등이 있다. 금융영역의 시장화와 토지 유통 문제도 크나큰 과제다. 특히 호구제도 개혁은 가장 늦게, 그리고 천천히 진행될 것이다. 이는 결과적으로 가장 어려운 개혁이기 때문이다. 개혁과 관련된 세부적인 정책은 향후 3년간 '선택과 집중'을 통해 발표될 예정이다.

💰 2016년 주목 키워드, 13차 5개년 계획

중국에서 발표되는 갖가지 목표를 살펴보다 보면, 2020년은 정말로 중요한 해이다. 중국정부가 설정한 100년짜리 목표인 '소강사회小康社會' 실현이 마무리되는 시기이고, 자본시장 개방 3단계 정책이 마무리되는 시기이기도 하다. 또한 2020년은 2010년 GDP(40만 8,903억 위안) 규모의 2배가 되는 것을 목표로 하는 시기다. 1인당 GDP는 1만 달러 달성을 목표로 삼고 있다.

이 모든 것을 종합해보면, 2016년부터 시작되는 13차 5개년 계획 기간이 그만큼 중요하다. 특히 2020년에 GDP 규모가 2010년 대비 2배가 되려면 마지막 5년 동안의 경제성장률이 최소 6.6%가 유지되어야 한다는 결론에 이른다. 중국경제학자들의 말대로 늘 실질경제성장률이 목표치를 상회하기는 했지만, 성장률의 속도 자체를 떨어뜨리며 브레이크가 다소 거세지는 상황에서는 최소한 6.8%~7.0%의 목표는 정해놓아야 하는 상황으로 판단한다.

중국에서 언급되고 있는 신규산업 관련 정책

정책	추진시기	내용		
7대 전략산업	2020년까지	에너지 절약과 환경보호, 차세대 정보기술, 바이오, 첨단장비제조, 신에너지, 신소재, 친환경자동차		
신규 6대 국책사업	2015~ 2017년	정보소비, 차세대 헬스케어, 해양플랜트 설비, 고성능 반도체, 하이테크놀로지 서비스산업, 산업혁신능력 제고 산업		
민생 특별정책	2016년	의료와 교육산업 육성		
생태 특별정책	2016년	환경보호와 농업 및 산업육성		
인터넷+		정보화, 빅데이터, 클라우드 컴퓨팅 기술을 이용하여 제조업 등 각 산업 간 융합을 추진해 산업구조를 업그레이드 시킬 것		
중국제조 2025	2025년까지	목표	· 전략적 우선 육성 : 경제, 국방, 민생 관련 기초제조장비, 항공장비, 해양공정장비, 선박, 자동차, 친환경 · 선진수준 우위산업 중점 돌파 : 우주항공장비, 통신네트워크 장비, 송전장비, 철도교통 장비	
		10대 중점 산업	차세대 정보기술, 제어공작기계와 로봇산업, 우주항공 장비, 해양 엔지니어 설비와 고급기술 선박, 선진궤도 교통장비, 에너지 절감장비와 신재생에너지 자동차, 전력장비, 신소재, 바이오 의약 및 고성능 의료기계, 농업기계장비	
		대책	· 자동화, 인터넷화, 스마트화 제조업 추진 · 디자인 수준 향상 · 제조업 기술혁신 체계 완비 · 제조기지 강화 · 제품품질 향상 · 녹색제조 추진 · 글로벌 경쟁력 갖춘 기업 및 우위 산업 육성 · 현대 제조 서비스업 육성	
		중점 프로젝트	· 2020년까지 15개의 제조업 혁신센터기지 건설, 2025년까지 40개 건설 · 2020년까지 제조업 스마트화 수준 제고, 상품생산주기 30% 단축 및 불량률 30%로 낮추기. 2025년까지 각각 50% 감축이 목표 · 2020년까지 제조업 기초역량을 강화시켜 40%의 핵심 기술 부속품과 기초소재 국산화 실현, 2025년까지는 70%가 목표 · 2020년까지 1000개의 녹색 시범공장 설립. 100개의 시범구역 운영. 중점 업종 주요 오염물 배출 정도 20% 감소 계획. 2025년까지는 친환경 제조분야 글로벌 선도적 지위 확립 목표 · 2020년까지 중점분야의 R&D 및 기술응용 실현. 2025년까지 첨단설비 시장 내 보유 지식재산권 확대, 기초 조립기술 역량 강화	

💰 가장 눈여겨보아야 할 개혁, 금융시스템

■ 새롭게 등장한 '외국인'

우리가 중국 주식시장을 다시 눈여겨보게 만든 가장 핵심적인 정책은 후강퉁 출범이었다. 그동안 막혀 있던 중국의 주식시장의 문이 활짝 열린 것이다. 우리나라 주식시장 주체가 크게 개인, 기관, 외국인으로 나누어진다면 중국 주식시장의 주체는 개인과 기관이 양분해왔다.

중국시장에서 외국인이라는 개념은 따로 없었다. 적격외국기관투자가^{QFII} 자격을 부여 받은 외국기관만 2003년 5월부터 중국 A주 거래에 참여할 수 있었다. 중국 국가외환관리국에 따르면 2014년 12월 말 기준으로 약 669억 2,300만 달러 규모의 QFII자격을 부여한 것으로 집계되었다. 이는 1년 사이 34.6%나 증가한 수준으로 최근 들어 QFII를 통한 해외투자 유입속도가 빨라지고 있다는 해석이다.

2014년 말 기준 상하이종합지수 시가총액은 24조 3천억 위안(4,497조 원)으로 한국(1,202조 원)의 4배 정도 된다. 참고로 2015년 8월 말 기준 상하이종합지수의 시가총액은 26조 3,124억 위안이며, 선전을 포함한 전체 시장규모는 43조 8,027억 위안이다.

2015년 상반기 말 기준으로 상하이종합지수의 시가총액에서 QFII가 차지하는 비중은 1.4%(755억 달러, 4,691억 위안)에 불과하다. 2012년 발표된 자본시장 개방 3단계 정책에 따르면 2020년까지 점진적으로 QFII비중을 15%로 늘리겠다고 발표했다. 후강퉁이 아니었어도 중국 주식시장은 개방되고 있었다.

참고로 중국 주식시장의 투자자 비중을 살펴보면 2015년 상반기 말 기준으로 개인비중은 76.5%, 기관비중은 20.6% 그리고 QFII와 RQFII,

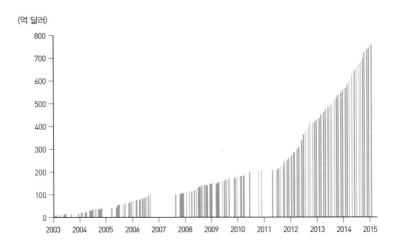

(억 달러)

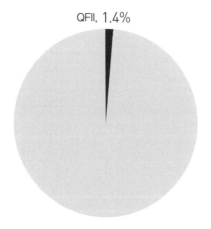

QFII, 1.4%

중국증시 투자자별 비중

(단위 : %)

시기	개인	기관	외국인
2014년 말	78.6	18.3	3.2
2015년 3월 31일	79.4	17.7	2.9
2015년 4월 30일	81.6	15.6	2.7
2015년 6월 30일	76.5	20.6	2.8

후강통을 포함한 외국인 비중은 2.8% 수준이다. 사실 중국시장에서 개인비중은 80%에 육박했지만, 지수급락 이후 증시 안정책으로 정부자금과 기관자금이 투입되면서 기관의 비중이 급증한 상황이다.

■ 후강통 출범

2014년 11월, 중국시장이 열렸다. 필자가 중국 시장을 공부하기 시작한 10년 전부터 중국주식을 직접 투자할 수 있는 직통차가 언급되었다. 후강통으로 명명된 이 시장은 홍콩에서 본토주식을 매매할 수 있는 후구통Northbound Trading과 중국본토에서 홍콩으로 투자할 수 있는 강구통 Southbound Trading으로 나뉜다. 세금문제와 환전문제 등 세세한 부분까지 조율한 끝에 2014년 11월 17일에 출범되었다. 중국 상하이종합지수가 6천 선을 돌파했을 당시에도 외국인은 정작 본토주식이 상승하고 있는 모습만 손놓고 지켜봤었는데, 이제 우리도 후구통을 통해 중국본토 종목을 거래할 수 있는 기회가 생겼다.

투자 대상 종목을 살펴보자. 후구통, 즉 외국인 입장에서는 상해 A주중 우량주로 구성된 SSE 180, SSE 380, A-H동시상장 기업 등 568개 종목을 거래할 수 있게 되었다. 강구통, 즉 중국본토에서는 항생대형주지수, 항생중형주지수, A-H동시상장 기업 등 총 250개 기업을 거래할 수 있게 되었다. 향후 거래 가능 종목수는 점차 확대될 것이고, 실제적으로도 몇 개 종목이 추가되고, 몇 개 종목은 제외되는 등 변동이 나타나고 있다. 투자한도도 후구통은 총액한도 3천억 위안에 일일한도 130억 위안이고, 강구통은 총액한도 2,500억 위안에 일일한도 105억 위안이다.

거래 첫날을 제외하고는 일일거래한도가 채워지지 않는 상황이어서 외국인이 갑자기 몰리는 쏠림현상은 나타나지 않았다. 오히려 외국인들은 지수가 오른 후 잦은 차익실현을 하고 있다. 급락 이후의 재반등 후에도 차익을 실현하는 모습이다. 반면에 중국의 큰손들은 중국의 증권주와 은행주를 중심으로 지수를 올리는 모습이다.

중국에서는 이미 자본시장 개방 3단계 정책을 발표하며 금융시장의 개방을 알려왔다. 자본시장개방 3단계 정책을 요약하면 '점진적이면서 가속화된 개방'이다. 1단계는 3년 내에 중국 본토기업의 해외투자 확대, 해외기업 M&A, FDI 확대이다. 2단계는 3~5년 내에 위안화 상업신용대출 확대, 무역결제와 대출에 위안화 전면개방, 금융산업 경쟁력 강화, 위안화 국제화가 주 내용이다. 마지막 3단계는 5~10년 내에 자본시장 선진 시스템 구축 후 완전개방, 수량규제에서 가격규제로 전환하는 것이다. 자본시장 개방 일정에 따르면 향후 2020년까지 부동산 시장, 주식시장, 채권 시장 순서로 개방할 계획이다. 후강통은 이러한 개방의 첫걸음인 것이고 향후 방향성은 지속될 것으로 보인다.

중국 상하이종합지수의 시가총액이 2015년 8월 말 기준으로 약 26조 3천억 위안인데, 외국인에게 개방되는 총액한도가 3천억 위안이다. 시가총액의 1.14%만 개방한 상황이고, 그 한도도 채워지지 못한 것으로 보아 우리가 거래하고 있는 중국주식 비중은 지극히 소량임을 알 수 있다. 향후 중국정부는 개방 규모를 확대하겠다고 밝혔다. 결국 자본시장 개방의 가장 큰 수혜주는 기본적인 증권주가 되겠다.

■ 이제 남은 것은 선강통

상하이거래소가 개방된 데 이어 선강통深港通(선전-홍콩 증시 교차거래) 출범 가능성이 더욱 짙어졌다. 2015년 연초에 리커창 총리는 새해 첫 지방 시찰지로 선전지역을 택하여 방문하였고, 그 자리에서 선강통 시행 필요성에 대해 언급했다. 게다가 선전거래소 역시 선강통을 연구·준비 중이라 언급하며 2015년에 출범할 가능성이 있다고 점치고 있다. 그러나 일각에서는 중국증시 급락 이후 신뢰성 문제가 제기되면서 2016년으

도표 2-7 선강통 언급 이후의 선전시장 지수

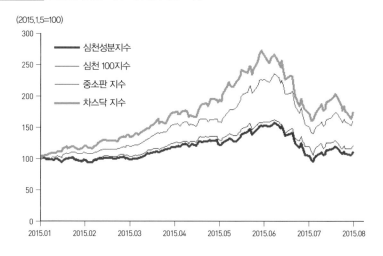

로 연기될 가능성도 나타나고 있다. 하지만 개통 시기보다 우리가 주목할 점은 역시 '개방'이다.

선전시장의 시가총액은 2014년 말 기준으로 상하이시장 시가총액의 52% 수준이었다. 그런데 선강통 출시에 대한 기대감과 중국정부의 창업 독려로 벤처투자 붐이 나타나면서 2015년 8월 말 기준으로 상하이지수 66.4% 수준으로 증가했다. 규모로 보면 2014년 말 12조 8천억 위안에서 2015년 8월 말 17조 5천억 위안까지 증가했다.

선전증시에는 민간기업과 신생기업이 주로 상장되어 있고, 그 가운데 차스닥 시장과 중소기업 시장이 포함되어 있다. 즉 상하이증시의 섹터별 시가총액 비중을 보면 금융주(34%), 산업재(19.2%), 정유주(12.9%) 순으로 되어 있다. 반면에 선전증시의 섹터별 시가총액 비중을 살펴보면 IT(19%), 산업재(18.6%), 경기민감소비재(16.5%) 순으로 구성된다.

후강통이 처음 출범할 때 상해 180, 상해 380 등 우량기업 위주로 거래를 시작했다는 점을 감안하면, 선강통이 처음 출범할 때는 심천 100을 우선순위로 개방할 가능성이 크다. 더군다나 선강통이 후강통에 비해 매력적인 이유는 소비주, 의약주, 기술주, 그리고 콘텐츠 관련주 등 투자의 폭이 좀 더 다양해졌기 때문이다. 차스닥 시장의 개방도 머지않아 보인다.

💰 농민공 문제 해결의 시작, 호구제도 개혁

■ 중국판 카스트 제도인 호구제도

개혁을 외치고 있는 중국에서 호구제도를 개혁한다고 한다. 일단 먼저 도시화를 통해서 그동안 소외되어 온 농민들에게 사회보장시스템을 제

도표 2-8 상하이증시 섹터별 시가총액 비중

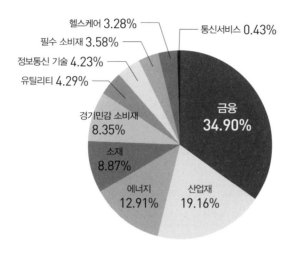

도표 2-9 선전증시 섹터별 시가총액 비중

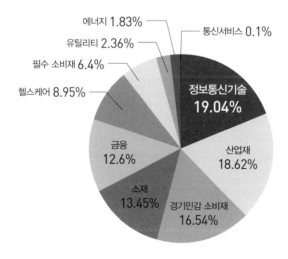

공하려 하고 있고, 점진적으로 농민공 문제나 무호적자 문제도 해결하려는 중이다.

중국의 호구제도는 한국의 호적제도와 차이가 있다. 한국의 호적제도는 호주와 호주의 가족으로 구성되고 동거 여부를 기준으로 하고 있다. 반면에 중국의 호구제도는 하나의 국가 내에서 적용된다기보다 각 성과 도시에서 부여되는 영주권이다. 호구제도는 농민호구와 비非농민호구(시민)로 나뉘며 세습되었다. 중국의 계획경제 시대인 마오쩌둥 시대부터 시작된 것으로 타지역 주민들의 전입을 제한하여 각각의 지역 내에서 지역 주민들의 단결과 그들의 이익을 극대화하려는 취지였다. 그 당시에는 식량의 생산과 분배가 모두 국가소관이었는데, 식량을 생산하는 자와 생산하지 않는 자(소비)를 파악하기 위해 국가적 차원에서 관리하기 위해 만든 제도이다.

중국은 지금까지 거주이전의 자유가 없었으며 도시인구는 전체 인구의 20%로 제한해왔다. 호구제도는 일종의 국적 같은 성격이 있으며, 여기에서 외지인은 외국인과 비슷한 정도의 제약이 있다. 하지만 덩샤오핑 시대에 시장경제체제가 도입되면서 사실상 호구제도 자체는 유명무실한 제도가 되었다. 그동안의 호구제도는 도시의 균형발전을 저해하고, 농업의 현대화도 막고 있으며, 지역과 지역의 단결을 방해해왔기 때문에 점차 없어지고 있는 추세다.

■ **호구제도 개혁의 진행방향**

호구제도의 개혁은 크게 두 가지 면에서 동시에 진행된다. 우선 중국 정부는 호구제도 개혁의 첫 번째 방법으로 지역 간의 벽을 허물고 있다. 대도시를 중심으로 경제력 있는 외지인들에게 일정 금액 이상의 투자를

· 중국의 거류증(위키피디아 @Atlaslin)

조건으로 하여 도시호구를 얻을 수 있는 기회를 제공하고 있다. 고학력 외지인과 기술직들에게도 도시호구를 개방하기 시작한 것이다.

호구제도 개혁의 두 번째 방법으로는 농민과 비농민 호구를 통합하여 '거주민'으로 칭하는 것이다. 세습되는 신분의 차이를 없애기 위한 것이다. 결국 '타지역에서 농민의 신분으로 일하는 공인工人(노동자)', 즉 농민공에게 실질적인 복지나 사회 혜택을 부여하는 것이 최종 목적이자 결과가 될 것이다.

2016년부터 진행될 13차 5개년 계획에서 호구제도 개혁은 강하게 추진될 것이며, 1선 도시와 2~3선 도시가 각각 다른 방식으로 제도개혁을 단행할 것으로 보인다. 우선 2~3선 도시에서는 타지역 주민들에게 호구를 개방하고 사회보장서비스를 공유할 것이다. 1선 도시를 중심으로는 사회보장서비스 제공 대상을 호구인구에서 상주인구로 확대할 것이다. 중소도시는 호구제도를 없애고, 대도시는 완화시키는 방법이다. 즉 큰 도시에서는 이미 그 도시에서 살고 있는데 혜택을 못 받는 사람들을 챙

길 것이고, 중소형 도시에서는 근처의 위성도시들을 합쳐서 광역화하는 정책을 시행할 것이다.

 중국주식, 기본을 알자

종목코드	60**** (6으로 시작하는 6자리) (상해 A주)	거래 통화	CNY (위안화)

거래단위	100주
	(단주 주문은
	매도만 가능)
		가격
		제한폭
			+, − 10%(ST, PT 지정종목은 5%)
			• ST주 : 2년 연속 적자 또는 주
			  당순자산이 1위인 하회종목
			• PT주 : 3년 연속 적자이고, 거
			  래일시 정지종목으로 금요일
			  에만 거래 가능

데이트레이딩	불가 (향후 가능하도록 추진 중)	거래시간 (한국 시간 기준)	• 오전장 10:30∼12:30 • 오후장 14:00∼16:00
거래자격	기관, 개인 모두 거래 가능	거래한도	• 후구통 : 제한없음 • 강구통 : 증권, 현금자산 50만 위안 이상

2015년,
광역화 정책에 발동이 걸린다

💰 신도시화 정책

사례 4

　　국내 주식을 운용하는 펀드매니저 P는 화학, 철강섹터 담당자다. 얼마 전 세미나를 하기 위해 방문한 자리에서 그가 고민하고 있는 문제에 대해 이야기를 나눴다. P는 중국에서 '도시화'를 하겠다는 정책이 발표되어 자신 있게 관련 주식들을 담았는데, 중국은 왜 이렇게 도시화를 하지 않고 있냐고 말했다. 대체 언제 공사를 시작하냐는 것이다. 보유종목의 상승을 기대하다가도 이쯤에서 본인의 가설이 틀린건지 다시 재점검할 필요를 느끼기에 필자의 조언이 필요하다고 했다. 답은 간단하다. 우리가 생각하는 '공사를 진행하는 도시화'는 지금부터가 시작이다.

　　이론상 중국은 지금 이렇다. 리커창 총리는 도시화율을 언급할 때 "현재 중국의 도시화율은 54.8%다. 중국에서는 향후 2020년까지 전국 기준 도시화율을 60~65%까지 올릴 것이다"라고 발표했다. 이것만으로 글로벌 투자자들은 오해한다. '도시화… 농촌에서 도시로 바뀌려면 건물이 생기는게 당연한 것이지. 금융위기 당시처럼 부동산에 투자해 도시를 건설하는구나. 투자와 건설이 시작되는 것이겠어.'

　　도시화를 풀어보자. 중국에서 '성진화城鎭化'로 표현되는 이 단어는 우리나라에서는 '도시화'로 번역하지만, 어감의 차이가 있다. 성진화는 바로 사람을 중심으로 하는 도시화이다. 도시를 건설하는 게 주력이 아니

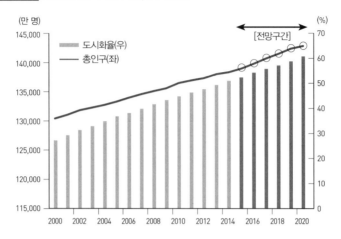

도표 2-10 오해를 일으키는 지표, 도시화율

라, 도시를 꾸려나가는 게 목적인 계획인 것이다.

성진화의 기본은 민생안정이다. 3농문제(농업, 농촌, 농민)를 토대로 농민에게 사회보장시스템을 확충시켜주고, 그동안 세습되어 오던 불합리한 호구제도를 개혁하려고 한다. 또한 토지제도도 개혁하고, 낙후된 농촌 소도시에 병원 등의 의료기구도 설립하려 한다. 판자촌에 사는 사람들에게 임대형 주택도 지어주고, 생필품도 지원한다. 이를 위해 가장 우선적으로 전제되어야 할 사항은 교통과 통신이다. 따라서 교통, 통신 인프라에도 투자할 예정이다. 우리가 생각했던 기존의 도시화와는 조금 다르다.

중국의 인구를 13억으로 가정할 때 도시화율이 1% 상승한다는 것은 1,300만 명의 농촌인구가 도시의 호구인구로 전환되는 것을 뜻한다. 결국 도시화 정책은 1억 명 이상을 도시인구로 만들고, 그들에게 의료나 교육에 대한 복지를 늘려주는 정책이다. 여기서 복지를 늘린다는 말은

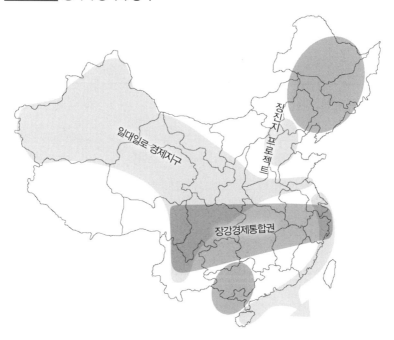

일대일로 경제지구

징진지 프로젝트

장강경제통합권

바꿔 말하면 그들의 지갑에서 나가는 의료비와 교육비를 줄여, 기초 생활 이외의 더 나은 삶을 영위하도록 다른 곳으로 지출을 이끌어내려는 장기적인 소비부양책이다. 그래서 신도시화 정책이 언급되면 인프라 투자보다 제도개혁이 먼저 발표되는 것이다. 인프라 투자를 기대했던 주식시장에는 늘 실망감이 나타났었다.

그런데 최근 들어 자주 언급되고 있는 '광역화 정책'은 다시금 인프라 투자에 대한 기대감을 높여주는 정책이다. 통신, 부동산, 철도, 도로 중심의 인프라 투자가 보장되는 정책이기 때문이다. 그동안 우리가 그토록 기대했던 도시화가 이제야말로 시작되는 것이다. 2014년의 도시화가 제도를 바꾸는 정책이 주류였다면, 2015년부터의 도시화는 광역화 정책

에 제대로 발동이 걸릴 것이다. 2016년부터는 광역화가 구체화되어 실
질적인 투자가 일어난다. 이제부터가 진짜다.

💰 징진지 프로젝트와 장강경제통합권

북경을 중심으로 슈퍼 메가시티가 건설된다. 중국정부는 2014년에 북
경 인근 지역에 인구 1억 5천만 명, 최대 5만㎢에 달하는 도시를 건설할
계획임을 밝혔다. 이 계획은 2015년에 시작된다. 베이징, 톈진, 허베이
(장자커우, 스자좡 등)를 잇는 메가시티 건설 계획은 그들 도시의 닉네임을
따서 '징진지 프로젝트'로 명명되었다.

현재까지 발표된 징진지 프로젝트 세부 내용을 살펴보면 베이징에는
첨단연구단지와 문화 콘텐츠 산업을 집중적으로 배치할 것이며, 톈진은
첨단기술 제조업과 물류의 중심지로, 허베이성은 성내의 도시별로 특화
산업을 배치할 예정이다. 지금까지 언급된 특화산업은 신재생에너지,
철강, 중화학, 물류단지 등이다.

다만 문제는 환경오염이다. 중국 지역별 대기오염 분포도를 보면 현재
징진지 지역의 대기오염이 가장 심각한 것으로 나타났다. 그래서 향후
이들 지역의 최대 과제는 대기오염 등 환경문제가 될 것으로 보인다. 게
다가 허베이성의 철강생산 능력이 중국 전체의 40%를 차지하고 있다는
점에서 공급과잉에 대한 산업 구조조정 역시 징진지 지역의 핵심 과제로
예상된다.

징진지 프로젝트의 첫 단추는 교통 인프라 확충이다. 우선 2015년 수
도권 외곽에 940㎞ 순환도로를 개통할 예정이며, 이 신규도로는 장안대
로 중심으로 볼 때 7환环, Ring(중국의 도로 단위)이다. 이후 3개 지역의 중심
지인 허베이성 보정시에 수도행정기능 일부를 옮길 계획임이 언급되면

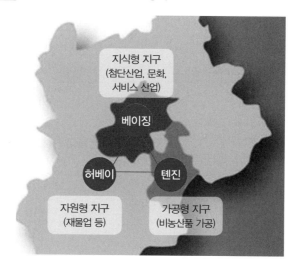

도표 2-12 중국의 징진지 지역 일체화 정책

지식형 지구
(첨단산업, 문화,
서비스 산업)

베이징

허베이　　　텐진

자원형 지구
(재물업 등)

가공형 지구
(비농산품 가공)

서 허베이성 중심의 신형 도시화 계획이 가속화될 것으로 예상된다. 쉽게 말해 베이징 외곽이 개발되면서 부동산 투자와 교통 인프라 투자가 집중될 것으로 보인다. 특히 도로, 공항, 철도 위주의 인프라 투자는 진행속도가 가속화되고 있는 모습이다.

2015년에 들어서면서 추가적인 내용들이 연이어 발표되었다. 징진지 '교통일체화' 정책이다. 2020년까지 이들 도시를 둘러싼 ① 9,000km의 고속도로망 건설로 3시간 교통권 구축, ② 9,500km의 철도망 건설로 1시간 교통권 구축, ③ 베이징의 수도국제공항 내 신공항 1기 공정으로 이용객 1억 명이 목표다.

중국 국무원에서는 '징진지 공동발전 영도소조'를 설립했으며, 책임자로 장가오리 상무부 총리가 임명되었다. 장가오리의 행적을 곱씹어 보면, 텐진시와 선전시에 건설과 부동산 투자를 해 대도시화시키는 데 앞

징진지 지역의 4중 철도 교통망 프로젝트

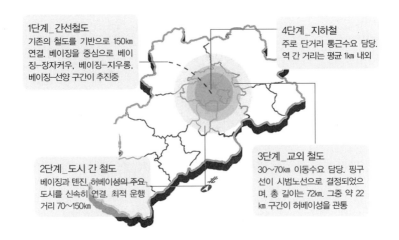

1단계_간선철도
기존의 철도를 기반으로 150km
연결. 베이징을 중심으로 베이
징-장자커우, 베이징-지우룽,
베이징-선양 구간이 추진중

4단계_지하철
주로 단거리 통근수요 담당.
역 간 거리는 평균 1km 내외

2단계_도시 간 철도
베이징과 톈진, 허베이성의 주요
도시를 신속히 연결. 최적 운행
거리 70~150km

3단계_교외 철도
30~70km 이동수요 담당. 핑구
선이 시범노선으로 결정되었으
며, 총 길이는 72km. 그중 약 22
km 구간이 허베이성을 관통

도표 2-14 중국 장강경제벨트 건설계획

장섰다. 또한 그가 한국에 방문할 당시에 분당 신도시, 일산 신도시 등을 주의 깊게 돌아보고 갔다는 점을 미루어보아 이번 징진지 프로젝트의 방향성을 알 수 있다. 그들이 말하는 '환경을 저해시키지 않는 범위 내에서'가 어느 정도 인지는 모르지만, 결과적으로는 엄청난 인프라 투자가 일어날 것이다.

광역화 정책, 그중에서도 첫 번째로 언급되는 징진지 프로젝트는 중국 정부의 경제목표인 고용의 확충과 중국정부가 당면한 과제인 중진국 함정에 빠지는 것을 막아주는 돌파구가 될 것으로 보인다. 중국에서는 또다시 경제성장을 위한 정책이 아니라고 할 테지만, 결과적으로는 앞으로 중국 경제성장의 핵심동력이 되지 않을까 기대한다. 특히 지난 2015년 7월 16일, 베이징 발개위에서는 징진지 프로젝트를 "베이징시가 가지고 있는 대도시병과 인근 지역과의 불균형 문제 등을 해결하기 위해 진행되고 있는 국가급 전략 프로젝트"라고 언급하기도 했다. 이 프로젝트는 2016년에 구체화될 가능성이 커 보인다.

징진지 프로젝트에 이어 중국의 또 다른 광역화 정책이 있다. 바로 장강유역 경제통합권인 '장강경제벨트'이다. 상하이시부터 저장, 장쑤, 안후이, 장시, 후베이, 후난, 쓰촨, 충칭, 윈난, 후이저우 등 동쪽연안부터 서부 내륙의 11개성을 광역화하여 단일 경제권으로 만들고자 하는 계획이다. 장강경제통합권의 인구는 약 6억 명이고, 영토는 중국의 20%에 달하는 규모이다. 베이징 중심의 메가시티 건설에 이어 꾸준히 언급되는 두 번째 광역화 정책이다.

💰 해상과 육상을 잇는다, 일대일로 정책

중국의 세 번째 광역화 정책은 그 범위가 훨씬 크다. 바로 신실크로드

도표 2-15 중국 일대일로 정책

정책이다. '중국-중앙아시아-러시아-유럽'을 잇는 육상 실크로드와 '중
국-동남아시아-인도-중동-아프리카-유럽'을 잇는 해상 실크로드를
구축한다는 정책이다. 이를 '일대일로一帶一路' 정책이라 부른다.

　일대일로 경제권은 세계 총 인구수의 63%인 44억 명이 집중되어 있
어 세계적인 경기부양책이라 해도 과언이 아니다. 제2차 세계대전 후 미
국 국무장관 조지 마샬이 서유럽 16개 국가에 대해 대외원조를 제한했
던 것처럼 중국판 마셜플랜Marshall Plan이 발표된 것이다. 이로 인해 중국
의 대외 영향력은 더욱 확대될 전망이며, 중국 내 고질병인 과잉생산문
제 역시 해결이 가능하게 되고, 장기적인 숙원사업인 중서부 개발도 가
속화될 것으로 기대된다. 또한 2016년부터 시작되는 13차 5개년 계획의
핵심 프로젝트가 될 것으로 보인다.

　일대일로 투자항목 중 티에공지铁公机가 68.8%이다. 그렇다면 여기서

도표 2-16 중국 지역별 교통인프라 투자금액

도시	규모
쓰촨	1,000억 위안
광둥	1,000억 위안
윈난	1,000억 위안
간쑤	780억 위안
충칭	745억 위안
후베이	624억 위안
산시	500억 위안
랴오닝	460억 위안
칭하이	308억 위안
신장	250억 위안

· 2015년 2월 기준

티에공지는 무엇인가? 바로 경기부양을 위한 철도, 도로, 공항 등의 인프라 투자를 말하는 단어다. 지금까지 집계된 것으로 미루어 보면 철도투자에는 약 5천 억 위안, 도로로의 투자는 1,235억 위안, 공항건설투자는 1,167억 위안, 항구·수리 투자에 자금이 투입되는 규모는 1,700억 위안이 넘는다. 투자의 주체는 거의 중국정부다.

중국은 과거 몇 년 전과 달라졌다. 2011년 12차 5개년 계획을 발표할 당시만 해도 투자보다는 소비를 외치던 중국이 지금은 달라졌다. 3~4년 전 중국을 보았던 시각의 연장선에서 현재 정책들을 바라보면 앞뒤가 맞지 않는 불편함을 느낄 것이다. 일단 중국이 바뀌고 있다는 것을, 변화하

일대일로 투자항목

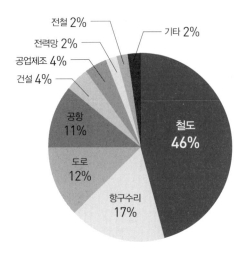

전철 2%
전력망 2%
공업제조 4%
건설 4%
기타 2%

공항
11%

철도
46%

도로
12%

항구수리
17%

도표 2-18 일대일로 투자주체

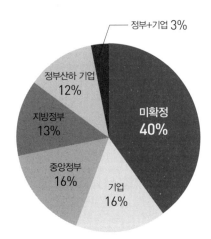

정부+기업 3%

정부산하 기업
12%

지방정부
13%

미확정
40%

중앙정부
16%

기업
16%

중국 국가발전개혁위원회가 승인한 인프라 프로젝트

도시명	투자산업	투자규모
지난시	철도	437억 위안
윈난성	철도	94억 위안
윈난성	도로	203억 위안
저장성	도로	29억 5천만 위안
꾸이저우성	도로	223억 5천만 위안
랴오닝성	도로	79억 7천만 위안
간쑤성	공항	12억 위안
후난성	공항	9억 7천만 위안
우한시	도로	53억 6천만 위안

· 2015년 2월 기준

고 있다는 것을 명백히 인정해야 한다. 증시에 대한 정책은 앞서 언급했으니 말할 것도 없고, 경제정책과 시장의 위상도 달라졌다.

구체적으로 말하면 12차 5개년 계획(2011년~2015년)이 처음 발표되었을 때만 해도 정책의 핵심은 '소비'였다. 일각에서는 후진타오 정권이 12차 5개년 계획을 수립하고 시진핑 정권이 '이어받는다'고 판단하기도 했다. 2011년 발표된 개인소득세 인하, 최저임금 인상 등이 발표되었는데 시크리컬 산업Cyclical(화학, 에너지, 산업재 등 경기 민감주)보다는 소비정책이 주를 이루었다. 그런데 막상 시진핑이 부임하고 2년 반이 흐른 지금, 정권은 '이양'된 것이 아니었다. 소비 관련 정책들 몇 개의 나열이 아닌 큰 틀에서의 변화가 시작된 것이다. 그것이 현재 광역화 정책으로 나타나고 있는 것이다.

일대일로 정책 역시 시작은 교통인프라 투자다. 지역별 전인대를 통해
중국 각 성과 도시에서는 2015년 교통인프라 구축에 막대한 자금을 투
입할 것이라 발표했다.

〈도표 2-16〉을 보면 2015년에 중국 지방정부가 교통인프라를 구축
하는 데 투자를 얼마나 할지 그 규모를 알 수 있다. 중요한 것은 어디에
투자하느냐인데, 중국의 국가발전위원회가 최근 승인한 프로젝트를 보
면 알 수 있다. 바로 철도, 도로, 공항이다.

💰 광역화의 핵심은 철도

앞서 언급한 징진지 프로젝트나 장강경제통합권, 그리고 일대일로 정
책까지 중국에서 진행되고 있는 모든 광역화 정책의 중심에는 '철도건
설'이 있다. 중국은 베이징을 중심으로 1시간 경제권부터 12시간 경제권

도표 2-20 철도 관련 고정자산 투자금액 증가추이

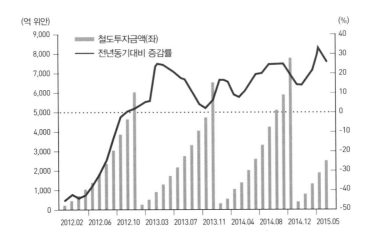

까지 세부적인 계획을 마련했고, 현재진행중이다.

중국의 철도건설 방식은 이렇다. 우선 중국 전역에 철도 레일을 깔고 중간중간에 역을 만든다. 기차역이 만들어 진 지역은 '신구新區'로 지정된다. 여기서 신구는 쉽게 말해 신도시다. 신구를 중심으로 주변 지역을 흡수하여 광역화시키려는 전략도 있다. 농촌을 현대화시키고, 지역별로 관광지를 육성하고, 중서부를 개발한다. 그리고 자원을 이동시키고, AIIB를 만들어 세계 이목을 집중시켜 결국 중국 중심의 패권제패를 노린다. 이것은 중국 내 과잉생산문제 해결이 가능하게 하며, 중국의 단합을 위한 전략이자 중진국 트랩에서 벗어날 수 있게 하는 전략이다.

철도산업은 중국의 지역격차를 축소시키고, 향후 부의 분배를 위해 중요한 산업이다. 특히 지금은 침체된 경기를 살리기 위해 자금이 투입되는 산업이다. 돈이 풀리는 곳에 답이 있다. 이것이 철도기업에 주목해야 하는 이유다.

숨쉬기의 절박함,
중국의 환경오염

💰 최악에 최악을 거듭하는 중국의 하늘

필자는 2015년 3월 초에 중국을 방문했었다. 가기 전에 최악의 황사를 경험할 것이라 생각했는데, 최악을 염려한 것 치고는 공기가 그런대로 괜찮았다. 그 전에 2014년 10월에 갔을 때만해도 뿌연 하늘과 방독면 같은 마스크를 쓴 사람들을 더러 볼 수 있었는데 말이다. 다시 6월에 방문한 베이징의 하늘은 청명했다. 중국이 드디어 대기오염 정화 시스템 설치에 신경을 많이 쓴 것일까?

그렇다. 중국은 현재 경제활동 자체가 감소했다. 경기둔화와 수요감소, 그리고 공급과잉으로 인해 가동이 현저히 줄어들고 있기 때문이다. 물론 생산을 완전히 멈추고 차량을 통제하면 한 달 만에도 맑은 하늘을 볼 수 있을 것이다. 하지만 광역화 정책이 시작되고 향후 중국경기가 회복되기 시작하면, 역시 가장 큰 문제는 환경문제다.

중국의 대기오염 문제는 심각하다. 차량운행과 생산활동이 조금이라도 시작되면 미세먼지 기준치인 PM 2.5(지름이 2.5마이크로미터 이하인 초미세먼지)는 최악의 수준을 넘나든다. 특히 대부분의 경제회의가 몰려 있는 10월부터 이듬해 초봄(3~4월)까지 상황은 심각하다. 모든 회의에서 당연히 환경문제가 대두될 수밖에 없다. 베이징에서 개최된 국제마라톤 대

도표 2-21 중국의 전력사용량

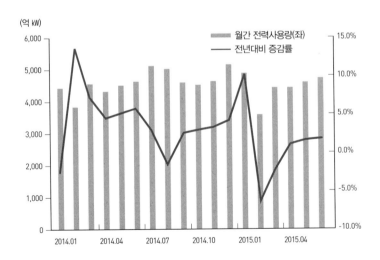

도표 2-22 중국 에너지소비 구조

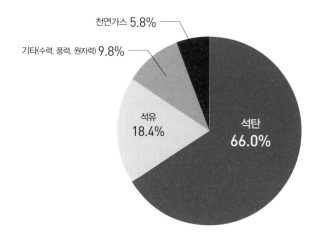

천연가스 5.8%

기타(수력, 풍력, 원자력) 9.8%

석유
18.4%

석탄
66.0%

· 2013년 말 기준

도표 2-23 중국 대기오염의 원인

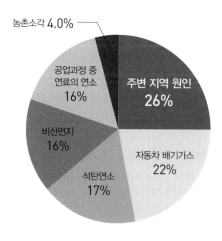

농촌소각 4.0%

공업과정 중
연료의 연소
16%

주변 지역 원인
26%

비산먼지
16%

자동차 배기가스
22%

석탄연소
17%

회는 심각한 대기오염으로 당일 불참자가 급증했었고, 여타의 행사들도 연기되는 경우가 늘고 있다.

베이징 지역의 피해가 큰 것은 더 주목해야 할 사항이다. APEC뿐만 아니라 중앙경제공작회의와 전인대 등 국내외 중요한 행사들이 개최되는 도시이기 때문에 관련 법안이 논의될 가능성이 더욱 크고, 깊이 있게 다뤄질 가능성도 크다.

중국에서 2015년 전인대 개막을 며칠 앞두고 한 다큐멘터리가 반향을 일으켰다. 국영 TV인 CCTV 앵커가 만든 대기오염 다큐멘터리 〈Under the Dome〉이다. 이 다큐멘터리는 국민들에게 대기오염을 심각한 문제로 인식시켰고, 함께 문제를 해결해나가자는 정부의 방향성과 맞아떨어졌다. 하지만 점점 심각해지는 환경오염에 국민들의 시위가 이어지자, 3월 8일을 기점으로 언론에서 차단되었다.

중국 대기오염의 가장 큰 원인은 공장과 차량이다. 대기오염 문제가 가장 심각한 베이징에서는 이미 공장들의 퇴출을 계획하고 있고, 일부 발전소들을 폐쇄했다. 2013년 오염공장 200여 개 퇴출, 2014년 퇴출공장 누적개수 500개로 확대 및 흙벽돌 공장 폐쇄, 그리고 2015년에는 퇴출공장 누적수를 800개로 확대하고 혈암벽돌 공장도 폐쇄하고 있다. 2016년에는 퇴출공장 누적수를 1,200개로 확대할 예정이다. 거기에 자동차를 신규로 살 때 번호판 발급을 줄이거나 늦추며 등록대수를 제한하고 있다. 공급의 제한이다.

친환경 에너지 사용을 권장하고 전기자동차 지원에도 나섰다. 2015년 중국에서는 석탄 사용과 보일러, 발전소 등에 정화시스템을 개선하도록 제안하기도 했다. 게다가 공기청정기 시장규모도 키운다. 중국의 공기청정기 시장규모는 2012년 27억 위안에서 2013년 말 기준으로 약 50억

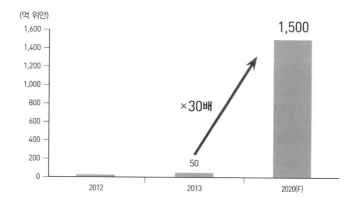

위안으로 급증했다. 중국 환경보호부는 이 시장을 2020년까지 1,500억 위안 규모로 확대할 계획이다.

💰 신에너지 자동차 분야, 대기오염의 수혜산업

대기오염과 관련해서 중국정부가 앞장서고 있는 분야는 '신에너지 자동차'다. 중국정부는 2014년 신에너지(전기차+하이브리드) 자동차 구매시 보조금을 지급하는 정책의 기한을 무기한 연장했다. 승용차는 대당 최고 6만 위안(약 1,200만 원), 전기버스는 대당 최고 50만 위안을 지원해준다는 정책이다. 추가적인 계획도 나왔다. 2014년 10월에 중국 교통운송부는 2020년까지 신에너지 자동차가 대중교통(공공버스 20만 대, 택시 5만 대, 물류배송 차량 5만 대 등)의 30% 이상을 점유하도록 유도할 방침임을 밝혔다. 참고로 2015년 현재 신에너지 자동차의 대중교통 점유율은 5% 미만이다.

반면에 일반 자동차에 대해서는 지속적인 규제정책이 나타나고 있다. 등록대수 제한 등의 구매제한 정책과 번호판 추첨제 등이 그렇다. 따라서 같은 산업 내에서도 정부 보조금을 받는 업체와 그렇지 못한 업체들의 희비가 엇갈리고 있다.

미래 자동차에 대한 중국의 노력은 더욱 실현가능성이 있다. 전기차의 핵심은 축전지인데, 축전지 제조에는 희토류가 사용된다. 중국은 세계 최대 희토류 광산을 보유하고 있고, 전체 희토류의 95%가 중국에서 생산되고 있다. 이러한 점을 미루어 봤을 때 중국정부의 친환경 자동차 부양이 뜬금포는 아니라는 것이다.

워런 버핏의 주식이라고 알려진 중국의 전기차 대표 업체 비야디^{BYD}는 10월 초 광치그룹 지분합작을 통해 신에너지 버스 관련 회사를 설립

도표 2-26 중국 신재생에너지 자동차 시장규모와 정부목표치

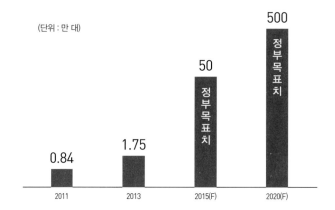

(단위 : 만 대)

500 정부목표치

50 정부목표치

1.75

0.84

2011   2013   2015(F)   2020(F)

도표 2-27 신재생에너지 자동차 관련주 주가추이

(홍콩달러)   (위안)

우통객차(우, 상하이증시)
BYD(좌, 홍콩증시)

도표 2-28 신재생에너지 자동차 중국정부 보조금과 목표치

주최	목표	보조금
중국 중앙정부 (국가표준)	누적 50만 대	승용차(대당 3.15만 위안~5.4만 위안), 전기버스(대당 30~50만 위안)
베이징	2017년까지 누적 17만 대 (2015년 3만 대, 2016년 6만 대)	국가표준에 따라 보조금 지급
상하이	9천만 대, 충전기 4,200개 설치	승용차 대당 4만 위안, 전기버스(대당 30~50만 위안)
상하이 푸둥신구	1,050대, 충전기 300개 설치	승용차 대당 2만 위안
톈진	2015~2016년 40개 충전소, 충전기 900개 설치	국가표준에 따라 보조금 지급
충칭	3,240대, 충전기 3,010개 설치	국가표준에 따라 보조금 지급
칭다오	2015년 5천 대	승용차(대당 3.5만 위안~6만 위안)
광저우	2015년 기준 물류차 600대, 우체국차 80대, 청소차 60대, 법인 · 공산당 · 국유기업 차량 1,420대, 택시 600대, 버스 1,100대, 충전소 105개, 충전기 9,970개 설치	국가표준에 따라 보조금 지급

· 2015년 전인대 이후 발표

했고, 2015년 9월부터 생산을 시작한다고 발표했다. 정부정책의 수혜를 받고 규모의 확장에 나서고 있는 것이다.

대기오염 관련 섹터는 신에너지 자동차, 공기청정기만 있는 것이 아니다. 부동산과 건자재 시장, 그리고 화장품 산업도 경우에 따라서는 대기오염의 수혜산업이다. 부동산 시장의 규제는 지속되고 있지만 친환경 건물 건설에 대한 정책지원이 확대되고 있는 상황이다. 주택건설부는 중국의 친환경 건물 비중을 2%에서 2020년까지 50%로 확대시킬 것이

도표 **2-29** 중국 주요 건자재 기업 주가추이

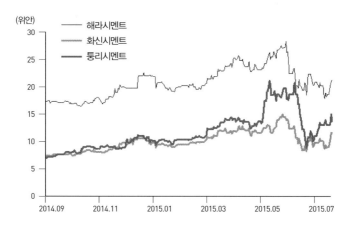

도표 **2-30** 중국 화장품 기업 상해가화 주가추이

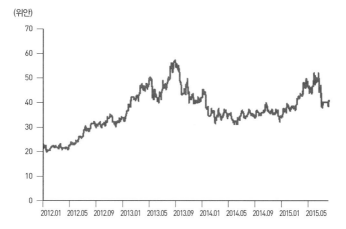

라 발표했다. 부동산 시장이 위축되어도 중국 내 건자재 시장이 확대되고 있는 이유다. 또한 미세먼지로 인해 '도시정화' 라인을 강조하는 클렌징폼 등 화장품 관련 업체들도 더욱 수혜를 받을 것으로 예상된다.

💰 못사게 하면 빌린다, 렌터카 시장

앞서 언급했듯 중국은 현재 자동차산업을 규제하고 있다. 대기오염 이슈로 공급을 제한하고 있고, 반부패정책 이슈로 관용차 사용에 제한을 두고 있기 때문이다. 이런 이유로 신에너지 자동차 시장이 성장하고 있는데, 그 외에 또 하나의 틈새시장도 존재한다. 바로 렌터카 시장이다. 특히 렌터카 시장은 2016년 말까지 차관급 미만의 간부들에게 제공되던 관용차가 폐지됨에 따라 수혜가 예상된다. 뿐만 아니라 중국은 국내 관광 및 레저산업을 육성시키고자 연휴기간 중 고속도로 통행료를 면제

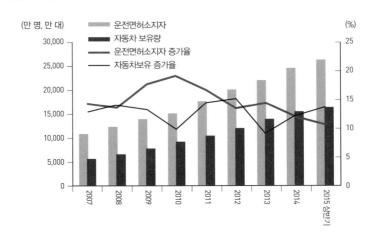

도표 2-31 중국 운전면허소지자 및 자동차 보유량 현황

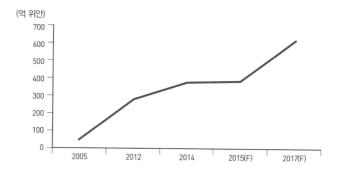

(억 위안)

하고 있다. 렌터카산업은 자동차산업에 대한 정책규제를 피하는 산업이
자, 정부가 부양시키려는 관광산업의 교집합이다.

　필자가 중국의 렌터카 시장에 주목하고 있는 또 다른 이유는 자동차
등록대수 제한과 주차공간의 부족으로 차량소유가 규제되고 있는 반면
에, 운전면허소지자는 최근 5년 동안 연평균 12.2%나 증가하고 있기 때
문이다. 또한 호구제도도 렌터카산업에 영향을 미친다고 판단한다. 특
히 상하이지역의 자유무역지구에 이어 톈진 등에 자유무역지구가 확대
되고 있는 상황이다. 현재 중국에서 차량을 소유하려면 그 지역의 호구
(거주권)가 있어야 한다. 당연히 외국인, 외지인에게는 제한되어 있다. 그
러니 렌터카산업에 주목해야 하는 것이다.

　중국 내에서는 약 1만 개의 렌터카기업이 있는 것으로 알려져 있고,
그중 300대 이상의 자동차를 보유한 회사는 약 20개이다. 렌터카로 등
록된 차는 전체 4만 대쯤 된다. 하지만 차량보유대수도 그렇지만 자동차
리스업 자체에 통일된 법규가 없다는 것이 이 산업의 문제점이다. 중국

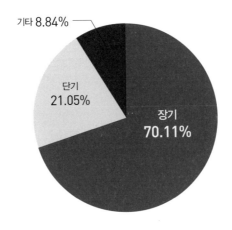

기타 8.84%

단기
21.05%

장기
70.11%

· 2014년 기준

의 〈사천신문〉 등 언론을 종합해보면, 아직까지 중국의 렌터카산업 자체에 집중도는 다소 흐트러진 모습이다. 전체 렌터카 업체 중 80%가 차량이 50대도 되지 않는 상황이고, 70%가 5명 이내의 소규모 인력으로 구성되어 있기 때문이다. 또한 렌터카 업계 내 10대 기업들의 시장점유율이 전체의 10%도 되지 않는다.

세계적인 리서치 전문업체 유로모니터에 따르면, 중국 렌터카산업은 최근 5년간 연평균 30%가 넘는 속도로 성장하고 있다. 관련 자료에 따르면 2012년 기준 시장 매출이 284억 위안, 2014년은 380억 위안으로 집계되었고, 2017년 매출은 620억 위안으로 예상하고 있다. 시장규모가 두 배 이상 커지는 것으로 추정하고 있는 것이다.

렌탈 목적별로 살펴보면 2014년 전체 매출 중 장기렌탈이 266억 4천만 위안을 차지하였고, 단기가 80억 위안을 차지했다. 한마디로 비즈니스 렌탈 비중이 70% 이상을 차지하고 있다. 회사별로 살펴보면 장기

장기렌탈 기업별 점유율

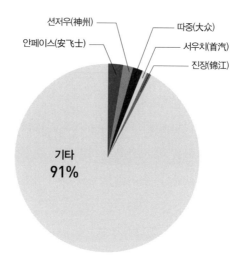

선저우(神州)
안페이스(安飞士)
따중(大众)
서우치(首汽)
진장(锦江)

기타
91%

단기렌탈 기업별 점유율

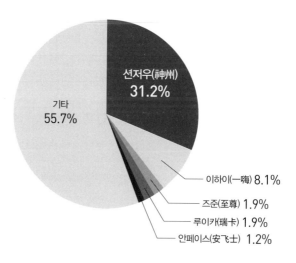

선저우(神州)
31.2%

기타
55.7%

이하이(一嗨) 8.1%

즈준(至尊) 1.9%

루이카(瑞卡) 1.9%

안페이스(安飞士) 1.2%

· 2014년 기준

렌탈은 상위 5개사를 합한 점유율이 9%이고, 나머지 중소형 회사들이 91%를 차지하고 있다는 것을 알 수 있다. 반면에 여행 등 단기렌탈은 상위 5개사의 점유율이 44.3%를 차지하고 있다. 특히 선저우렌터카는 31.2%의 점유율을 확보하고 있다.

관련 업체들을 구분해 보면 다국적 기업과 국영기업, 그리고 민영기업으로 나눌 수 있다. 일단 헤르츠^{Hertz}와 아비스^{AVIS}는 다국적 기업이다. 많은 경험과 노하우로 좀 더 차별화된 서비스를 제공할 수 있으나, 중국 산업에 대한 제도의 이해나 중국 내 인지도 등이 아직은 미흡하다. 두 번째는 국영기업, 즉 북경수도자동차나 따중교통 등 국유자동차 회사의 지

도표 2-36 렌터카와 중고차 관련주

	기업명	거래소	시가총액 (100만 달러)	연초대비 주가 상승률 (%)	PER (배)	섹터
렌터카업체	선저우렌터카	홍콩	4,925	54.1	72.0	여행 & 레저
	이하이렌터카	미국	754	46.8	-	여행 & 레저
	창성홀딩스	상하이	1,917	34.5	60.3	여행 & 레저
	해박	상하이	818	15.7	30.0	여행 & 레저
	중베이그룹	선전	893	36.8	18.8	여행 & 레저
중고차업체	팡다자동차	상하이	4,664	50.9	167.4	기타소비재
	진위자동차	선전	375	69.0	353.8	부동산 & 개발
	절강물산개발	선전	760	-10.2	62.1	건물 & 개발

· 2015년 8월 15일 종가기준 시가총액

사에서 자동차 리스업을 하고 있는 경우다. 아직 규모는 작지만 자원이 우세하여 더욱 확대될 수 있기 때문에 성장잠재력이 크다고 판단한다. 마지막은 션저우렌터카, 이하이렌터카 등 소위 렌터카를 전문으로 하는 민영기업이다. 이들 기업은 글로벌 기업과 비교해도 서비스나 품질에 뒤쳐지지 않는다.

현재 중국에서 렌터카 사업을 하고 있는 상장기업들은 대부분 택시사업도 영위하고 있다. 또한 상하이 지역을 무대로 하는 기업들은 렌터카 관련주, 대중교통 관련주, 상하이디즈니랜드 관련주로도 수혜를 받을 것으로 예상된다.

자동차 산업에 대한 규제로 각광받는 사업이 렌터카 이외에도 또 있다. 바로 우버택시로 알려져 있는 어플리케이션 기반의 차량 예약 서비스이다. 중국 내의 관련 서비스는 이미 텐센트가 투자한 디디다처didi dache, 알리바바가 투자한 콰이다처kuai dache, 하이클래스 고급 차량 서비

도표 2-37 렌터카 시장 구분 및 대표기업

기업류	진입시기	대표기업	특징
전통 렌터카 기업	1990년대	• 베이징 : 베이징수도자동차 (쇼우치), 베이징자동차(베이치) • 상하이 : 창성자동차, 진장	기업들의 장기렌탈 위주, 지방마다 주력회사 다름
대형기업	비교적 이른편	둥펑니싼, 따중, 벤츠	금융리스 위주
렌터카 체인기업	2006년	션저우렌터카, 이하이렌터카, 지존렌터카 등	개인들의 단기렌탈 위주, 전국적인 민영기업
플랫폼 공유형 렌터카 기업	2010년 이후	이다오용처(콜택시), PP렌터카 등	콜택시 위주 (기사포함 여부 결정 가능)

스에 주력하고 있는 이다오용처^{yidao yongche}가 90% 이상 점유율을 차지하고 있다.

 중국주식 투자시 주의사항을 알아보자

중국주식 관련 투자자들이 흔히 하는 말이 있다. 중국사람들의 소득이 꾸준히 증가하면 내수소비가 살아날 것이고, 그러니 관련주들을 사야 한다고 말이다. 맞는 말이다. 하지만 이는 10년 이상의 장기투자를 바라보는 논리다.

필자가 바라보는 중국의 가장 큰 변수는 '정책'이다. 그래서 중국주식 투자는 그 정책과 흐름을 같이해야 한다고 생각한다. "우리의 1970년대가 어떻고, 1990년대는 어떻고, 그래서 이제 이럴 때가 되었어"라는 식의 투자는 매력적이지 못하다. 대부분의 정책은 10년짜리, 5년짜리, 2~3년짜리로 나눠서 발표되는데 저축의 개념이라면 10년짜리 정책을, 투자의 개념이라면 2~3년짜리 정책을 염두해야 한다. 필자는 중국주식 '투자'를 연구하는 입장이기 때문에 정책과 흐름을 같이 하기 위해서는 장기투자는 무리라고 생각한다.

자동차산업을 예로 들어보자. 중국의 자동차 기업을 볼 때, 보통은 '중국정부가 이제 도로를 깔면, 차를 많이 탈 것이고…, 중국인들의 소득이 늘면 차를 살 것이고…'라고 어림짐작하여 '중국 주식시장의 1등 자동차주'를 사는 것은 중국을 전혀 모르는 소리다. 중국기업을 볼 때는 일단 그 산업에 대한 정부의 부양 여부를 확인해봐야 한다. 자동차산업 관련 정책에서 10년 이후를 내다본 정책이 있다면 '부양'이다. 모든 산업의 전방산업이자 고용과 직결되기 때문에 결국은 그 시장이 커지는 데는 동의한다. 그러나 2015년 현재 중국의 대기오염이 가장 큰 핫 이슈로 나타나면서 중국정부는 공급을 규제하고 신규 등록대수를 제한하는 단기적인 정책을 펼치고 있다. 이것은 규제이다.

이런 상황에서도 틈새시장이 존재한다. 전기차, 전기버스에 대해서는 보조금 지급, 즉 소위 돈을 대주면서 부양시킨다. 거기에 중국 공산당원들이 타는 군용차량을 몽땅 중국 자동차 기업인 이치자동차의 한 제품으로 교체한단다. 대기오염 관련 정책, 반부패 관련 정책에 따라 같은 산업 내에서도 기업들의 희비가 갈린다.

중국기업을 분석할 때는 해당 회사의 지배구조(공산당과의 관계)가 중요하다. 중앙정치국 상무위원들, 특히 시진핑 라인인지 아닌지 파악하는 것이 중요하다. 시진핑이 중국 국가주석의 자리에 오른 후 석유방(석유기업 파벌)들의 제거하는 과정에서 관련 기업들은 경영진의 불확실성, 비리 등이 문제가 되어 주가가 급락한 바 있다. 그동안 영업활동 잘해 온 '1등 기업'이라도 정치적인 라인에 따라 '칼질' 여부가 결정된다는 것이다.

중국주식 관련 투자자들은 흔히 중국기업은 성장성은 있는데 신뢰성이 없다고 한다. 그도 그럴 것이 국가통계국에서 발표하는 통계수치도 대부분 정확한 산출기준이 명시되어 있지 않기 때문이다. 중국정부 또한 이 문제를 인지하고 있다. 시진핑 지도부가 외치는 '개혁'에는 '기업들의 투명도 제고'와 '통계국의 신뢰도 확충'이라는 항목이 있다.

10년 뒤면 중국기업들의 회계분식 문제들도 어느 정도 해결될 것이다. 현재 서구권 선진국의 모든 기업들이 100% 투명할 수 없는 것처럼, 당연히 보이지 않는 쪽에서 숫자로 장난치는 부분들은 남아 있을 것이다. 그래도 지금보다 훨씬 투명해질 것은 확실하다. 하지만 10년 뒤다. 그러니 중국주식 투자를 하려면 반드시 ① 정책을 위주로, ② 정치적인 부분을 고려해서, ③ 2~3년 정도의 단기로 투자하기를 권한다.

바쁜 엄마들의 수요 충족,
온라인산업

전 세계 가정에는 공통점이 있다. 바로 가정 내 소비 주체는 엄마라는 것이다. 그럴싸한 기업의 사장님도 아내가 사준 양말을 신고, 조금 극단적이지만 아이들의 미래는 정보력이 좋은 엄마에 의해 결정된다. 여가도 마찬가지다. 주말 여행을 계획하는 일도 주체는 엄마다.

그런데 전 세계적으로 엄마가 바빠졌다. 교육 수준이 높아지면서 자기계발을 하는 엄마가 늘어났고, 물가가 치솟으면서 일하는 엄마도 늘었다. 소득이 늘면서 미美를 추구하는 엄마가 늘어나기도 한다. 바쁜 엄마를 대신하여 모든 가정에 가정부와 유모가 있으면 좋겠지만, 현실에서 엄마들은 온라인과 모바일을 이용해 장을 보고 아이들을 가르친다. 따라서 그들의 소비행태를 보면 소비시장의 방향성을 알 수 있다. 이건 13억 6천만의 나라 중국도 마찬가지다.

2015년, 중국의 경제성장률은 하향추세다. 소비지표가 좋지 않은 이유는 앞에서 반부패정책과 삼공경비 통제에 대해 다루면서 누누이 언급했다. 그러나 이런 하향추세와 달리 좋아지는 시장이 있다. 바로 온라인 소비 시장이다.

중국에 온라인쇼핑의 날이 생겼다. 11월 11일 솔로데이(광군제光棍節)다. 참고로 1월 1일은 소광군제, 1월 11일과 11월 1일은 중관군제, 11월 11일은 대광군제라고 지칭하기도 한다. 2009년 알리바바에서 광군제를 맞아 특별 할인행사를 시작했고, 그다음 해에 대다수의 온라인 쇼핑몰 업체들이 이에 동참하면서 중국판 블랙프라이데이가 되었다.

이 시즌에는 수많은 '닷컴.com'에서 할인행사를 진행한다. 필수 소비재

중국 소매판매 증가율

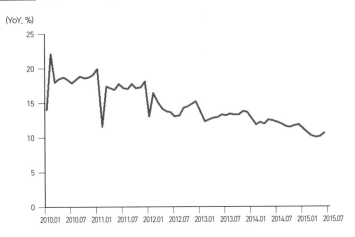

중국 온라인 쇼핑몰 방문자수 3개월 평균

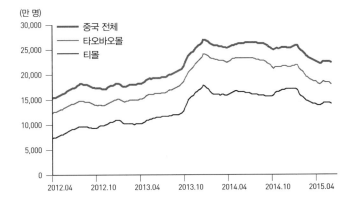

도표 2-40 중국 온라인쇼핑 증가추이

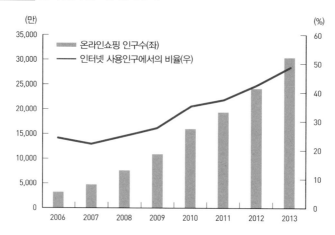

도표 2-41 중국 연간 택배 누적 물류량

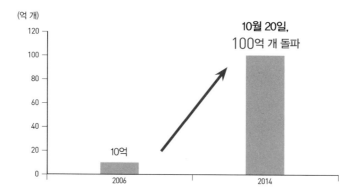

뿐만 아니라 자동차와 가전제품 판매도 증가한다. 지난 2014년 11월 11일에 알리바바는 판매개시 38분 만에 100억 위안 매출을 돌파했다. 1일

도표 2-42 중국 택배 및 온라인교육 관련 기업

섹터	기업명	코드번호	매출액 (100만 위안)		순이익 (100만 위안)		내용
			2014	2015(F)	2014	2015(F)	
택배	중외운항	600270.SH	4,171	4,562	617	956	항공물류
	중철철용	600125.SH	5,905	6,243	342	400	철도물류
	장강투자	600119.SH	1,527	1,473	40	43	도로물류
	중축구분	600787.SH	21,455	30,405	546	486	창고형 물류
온라인 교육	아이플라이	002230.SZ	1,775	2,596	379	555	음성합성 핵심기술 보유 IT 개발업체. MP3 등 온라인교육의 강자로 부상
	전통교육	300359.SZ	192	545	45	108	가정과 학교 간 정보교류 서비스 운영
	주강 피아노	002678.SZ	1,469	1,644	141	189	피아노 생산·판매 기업. 피아노 생산량 세계 1위
	대지 미디어	000719.SZ	7,102	7,814	642	839	대형 출판 미디어 기업. 교과서 출판
	263 미디어	002467.SZ	685	801	148	173	기업고객을 대상으로 한 종합통신서비스 제공업체
	LANXUM 테크	300010.SZ	847	1,199	100	163	중국 본토 1위의 사무정보시스템 솔루션 및 서비스업체
	신남양	600661.SH	1,166	1,492	63	93	중국 국가 지면 디지털 TV 전송 표준 지정 업체
	토크웹 정보	002261.SZ	658	1,381	56	282	후난성 최대 소프트웨어 및 무선부가가치 제품 생산기업

매출은 우리나라 돈으로 10조 원에 달했다. 이는 미국 블랙프라이데이와 사이버먼데이 매출을 합친 것보다 큰 규모다. 중국의 소비력은 상상 그 이상이다. 중국 〈신화통신〉에 따르면 2014년 9월 말까지 중국의 온라인 소매판매는 전년 동기대비 49.9% 증가했다. 1~9월까지 누적소매판매 증가율이 12.1%라는 점을 감안하면 4배 이상 성장한 것이다.

매년 30% 가까이 성장하는 온라인쇼핑 시장에 맞춰 주목해야 할 산업이 또 있다. 바로 택배산업이다. 중국 〈매일경제신문National Business Daily〉에 따르면 2014년 10월 20일 한 해 누적 택배 물류량이 100억 개를 돌파했다고 한다. 참고로 2013년 연간 총 물류량은 92억 9천만 개였다. 택배시장이 커지는 데는 정부지원도 뒷받침하고 있다. 2015년 9월 24일 리커창은 상무회의를 통해 중국 택배시장의 전면개방을 선언했다. 일정 조건에 부합하는 외자 택배기업에 대해 영업을 허가하기로 결정했다. 참고로 중국 내에서 외국기업이 도시 내 부분적인 택배업무를 영위해왔으나 우편물은 불가했었다.

온라인 시장에서는 쇼핑뿐만 아니라 온라인교육도 주목해야 한다. 중국의 교육열은 한국 못지않다. 중국의 포털 사이트인 신랑新浪의 설문조사에 따르면 조사대상 약 2,900여 명 중 40%가 온라인교육 수강을 해본 경험이 있는 것으로 나타났다. 학력별로 살펴보면 대학·대학원 졸업생의 40%, 중고등학생의 20%가 온라인교육을 수강한 것으로 나타났다. 우리나라 중고생들 대다수가 온라인교육 경험이 있는 것을 감안하면, 중국은 높은 교육열에 비해 아직까지 온라인교육이 보편적인 학습수단으로 자리매김하진 못한 것으로 보인다.

중국 포털 사이트 펑황왕鳳凰網의 보고서에 따르면, 2013년 온라인교육 시장의 규모는 981억 위안(전년대비 35.7% 증가)이고, 2015년에는

1,745억 위안으로 확대될 전망이다. 2014년에는 인터넷 기업 바이두, 알리바바, 텐센트가 온라인교육 시장에 자금을 투입한다는 소식이 들려왔다. 이 기업들은 쇼핑몰과 게임, 인터넷 금융에 투자해왔는데 이제는 온라인교육 시장을 택한 것이다. 산아제한까지 완화되고 있는 상황에서 중고등학생 대상의 시장이 활성화된다면 반드시 주목해 볼 만한 산업이라는 판단이다.

 중국의 인터넷금융 현황을 알아보자

알리바바가 자회사 알리페이를 통해 '위어바오'라는 MMF를 출시했다. 이 MMF는 6%대의 수익률을 보장한 수시 입출금 상품이라는 장점이 있어 약 5천억 위안에 달하는 자금이 모였다. 이 자금은 대부분 은행예금에서 온 자금이다. 알리바바에 이어 텐센트 홀딩스도 스마트폰을 통해 간단하게 펀드에 가입할 수 있는 서비스를 시작했고, 바이두도 마찬가지다.

● **주요 인터넷 기업들의 금융분야 진출 현황**

기업명	내용
알리바바	• 2003. 10 '즈푸바오' 지불결제시스템 출시 • 2013. 6 '위어바오' MMF 출시 • 2014. 3 모바일 신용카드 출시 • 2014. 3 민간은행 사업자로 지정됨
텐센트 홀딩스	• 2005. 9 '차이푸퉁' 지불결제시스템 출시 • 2014. 1 '리차이퉁' 온라인 펀드 출시 • 2014. 3 모바일 신용카드 출시 • 2014. 3 민간은행 사업자로 지정
바이두	• 2013. 10 '바이파' 온라인 펀드 출시

급성장한 인터넷금융 시장은 국유은행의 심기를 건드렸고, 인민은행은 인터넷금융 시장에 대한 규제를 언급했다. 2015년 8월 초 인민은행은 〈非은행 결제기관의 온라인결제 업무에 대한 관리방법〉을 발표했다. 비은행들 즉, 인터넷결제 기관들은 은행예금과는 다르게 선불기능을 하는 결제업무만 가능토록 했다. 바로 제3자 결제시스템을 통해 당일 최대 5천 위안까지만 결제가 가능하고, 5천 위안을 초과할 시 은행계좌를 통해서만 결제가 가능하다는 조항이다. 연간 누계액으로는 20만 위안, 비밀번호 없이 결제할 경우는 당일 1천 위안으로 제한한다. 또한 신용대출, 융자, 자산운용, 담보, 외환거래 같은 업무는 제한하는 등 비은행의 업무를 단순한 소액결제 채널로 제한했다.

지난 1월 4일 중국 선전지역에서 웨이중은행微衆이 출범했다. 웨이중은행은 텐센트가 최대 주주인 1호 순수 민간은행이자 1호 온라인은행이다. 향후 5개의 민간은행 설립도 이미 정부허가를 받은 상황이다.

급속히 발전하고 있는 인터넷금융 시장에 대해 아직 이렇다할 규제가 없다. 인민은행의 〈非은행 결제기관의 온라인결제 업무에 대한 관리방법〉은 신뢰감을 잃은 중국 금융시장에 대해 관리감독의 필요성이 강화되면서 중국정부가 발표한 정책으로 보인다. 느리지만 안전하게 성장시키는 방법을 택했다는 판단이다.

참고 글로벌 핀테크 강국 중국을 알아보자

중국의 금융시장은 규제도 많고 접근성도 제한적이다. 이러한 중국이 글로벌 핀테크^{FinTech}(금융+IT기술 융합) 강국으로 자리매김하고 있다. 세계 최대 전자상거래 업체인 알리바바가 주역이다. 제2, 제3의 알리바바도 준비중이다.

알리바바의 하루 평균 전자상거래 결제대금은 2014년 말 기준 63억 위안(1조 1,342억 위안)에 달한다. 중국의 핀테크를 이해하기 위해서는 우선 중국의 신용카드 시장에 대해 알아야 한다. 2015년 상반기 기준 중국의 전체 은행카드 발급량(50억 3,200만 장) 중에서 신용카드가 차지하는 비중은 8.6%(4억 3,300만 장)로, 1인당 평균 보유량은 0.33장이다. 2014년 상반기 말 기준으로 한국의 1인당 신용카드 보유량이 3.52장이었다. 그것도 최근 9년 동안 최저치였다는 점을 감안하면, 중국의 신용카드 시장은 아직 초기 중의 초기단계이다.

그런데 신용카드 보급률이 낮은 중국에서 전자상거래 시장은 어떻게 급속히 성장할 수 있을까? 알리바바는 이러한 낮은 신용카드 보급률 때문에 전자결제시스템인 알리페이를 만들었다. 알리페이는 사용자가 미리 은행계좌 · 휴대폰 · 카드 등으로 알리페이 계좌에 돈을 적립해두고 사용하는 시스템이다. 알리바바의 전자상거래 사이트인 '타오바오'에서 상품을 구매하는 고객들은 알리페이 계좌 안에 미리 상품대금을 넣어 놓고, 상품을 구매하여 대략 1주일 안으로 배송을 받게 되며, 배송을 받은 뒤에, 결제 여부를 결정한다. 알리바바는 결제되기 이전까지의 알리페이 계좌 자금을 산하의 자산운용사를 통해 운용하고 있고, 6~7% 고금리 상품을 출시하기도 했다.

위축된 소비시장에도 분명 틈새시장은 있다. 정부가 정책으로 밀어주는 온라인소비 시장, 이 시장의 성장속도에 가속도가 붙고 있다. 금융시장까지 넘보는 중국의 온라인소비 시장에 관심을 가져야 한다. 중국은 이제 시작이다.

건강하고 아름다운 노후에 대한 욕망, 안티에이징 산업

고령화, 소득증가, 도시화 등의 이슈들은 중국의 방향성을 말해준다. 세계보건기구^{WHO}에 따르면 2030년 중국의 65세 이상 인구는 현재 수준의 2배인 2억 3,300만 명으로 증가할 것이라고 한다. 또한 국가적인 차원에서 매년 13% 이상의 최저임금 인상을 단행하고 있고, 최저임금이 아닌 평균임금도 인상 중이다. 최근 5년 동안 평균 11.8%가 인상되었다. 게다가 중국정부는 신도시화 정책에 자금을 투입하고 있다. 수명이 길어지고 소득수준이 향상되고 있으며, 의료기관과 의료보험 등 주변 환경도 개선되고 있다.

이에 따라 헬스케어 산업과 실버산업에 대한 관심이 증가되고 있다. 중국 자산품질연구원財富品質硏究院에 따르면 현재 중국 내 1천만 위안(17억 원) 이상의 자산을 보유한 사람은 240만 명이다. 부유층이 타깃인 헬스케어 시장의 규모는 2020년 4천억 위안에 달할 것이란 전망도 있다.

도표 2-43 중국의 고령화 추이

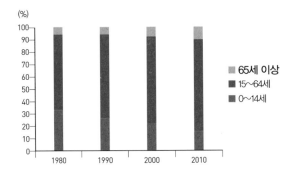

중국 헬스케어 시장규모

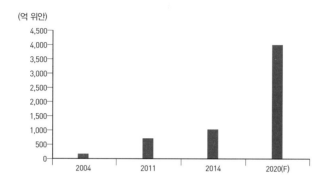

중국 안티에이징 시장규모

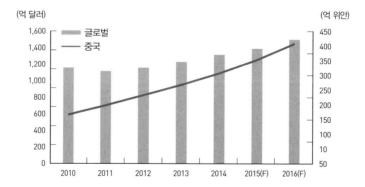

중국 병원 및 양로산업 관련 기업

섹터	기업명	코드번호	매출액 (100만 위안)		순이익 (100만 위안)		내용
			2014	2015(F)	2014	2015(F)	
민영 병원	캉메이제약	600518.SH	15,949	20,497	2,286	2,999	중국 최대 중약재 도소매 전문기업
	복성제약	600196.SH	12,025	14,159	2,113	2,667	상하이 최대 의약품 조제 및 판매 기업. 시장 점유율 45%
	아이얼안과	300015.SZ	2,402	2,998	309	414	중국 최대 안과전문병원 기업
	항강의료	002219.SZ	686	1,342	257	507	중의약 제조업체
양로 산업	레푸메디컬	300003.SZ	1,669	2,593	423	576	고급 의료기기 제조업체
	월드유니온	002285.SZ	3,308	4,278	394	528	선전, 베이징, 상하이 3대 지역 중심으로 부동산 종합 서비스 제공
	피닉스 부동산	600716.SH	1,829	2,513	151	490	장쑤성, 난징, 쑤저우 위주로 부동산 개발
	해항투자	000616.SZ	2,001	2,061	192	259	베이징과 텐진 중심의 부동산 개발업체

Part 3

기업편_

기업의 이해가
투자의 시작이다

테마 1_ 정치개혁 수혜주
삼공경비 통제에도 틈새는 있다

중국 자동차 산업을 살펴보면, 정치개혁으로 삼공경비 통제가 강화되면서 관용차를 규제하고 있다. 또한 대기오염 악화로 자동차 공급도 규제하고 있다. 그러나 대부분 외제차들에 대한 단속이 강화되고 있으며, 오히려 관용차로 지정되어 선택받은 중국 국내 업체가 있다. 시장점유율도 인지도도 최고는 아니나, 이슈성 호재로 틈새시장 이슈가 주가에 반영될 것으로 판단된다. 선전증시에 상장되어 있어 선강퉁 개장시 주목해 볼 종목이다.

관용차로 지정된 홍치 H7, 이치자동차

ⓦ 회사소개 및 이슈

제일기차第一汽車, 줄여서 이치一汽자동차로 불린다. 이치자동차는 상하이차, 둥펑자동차에 이어 중국 내 점유율 3위인 기업이다. 이치자동차의 대표 브랜드는 '홍치紅旗'이며, 중국 내 최고급 세단을 제조·판매한다. 덩샤오핑, 후진타오, 장쩌민 등 중국의 역대 지도자들은 국경절 등 국가급 행사에서 홍치자동차를 타고 마오쩌둥 사진이 걸려 있는 장안대로를 행진한다.

홍치자동차는 외관은 독일차 혹은 일본차를 닮아 화려하나, 차량의 안전성이나 성능 등에 대해서는 외제차에 밀리기 때문에 의전차량을 제외하고는 점차 시장에서 사라져갔다. 그렇기 때문에 반부패정책이 강화되면서 삼공경비가 통제되는 것은 이 기업에게 악재다. 게다가 최근 이치자동차그룹의 쉬젠이徐建一 회장이 반부패 혐의로 체포되었다.

■ 기업 개요

- **기업명(중문)** : 一汽轿车股份有限公司
- **기업명(영문)** : Faw Car Co.,Ltd.
- **코드번호** : 000800.SZ
- **소속지역** : 지린성
- **소속산업** : 교통운송설비−자동차
- **주요사업** : 자동차 조립 · 생산 · 판매
- **홈페이지** : www.fawcar.com.cn
- **본사주소** : 吉林省长春市高新技术产业开发区蔚山路4888号
- **설립일** : 1997년 06월 10일
- **상장일** : 1997년 06월 18일
- **종업원수** : 6,893명
- **구분** : 국유기업 개혁 관련주, 신재생에너지 자동차 관련주, 선강통 관련주

● 이치자동차의 주요 주주

	주요 주주	비중
1	중국이치자동차구분유한공사	53.03%
2	중국인수보험구분유한공사(배당)	3.26%
3	중국대외경제무역신탁유한공사	2.15%
4	중국인수보험구분유한공사(보통주)	0.93%
5	전국사회보장기금	0.92%

● 이치자동차 지배구조

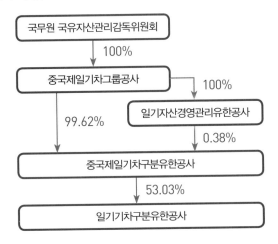

그러나 악재만 있는 것은 아니다. 반부패정책으로 인한 실적 악화가 지속되는 가운데 이슈성 호재도 있다. 최근 중국의 반부패정책이 강화되면서 공산당원들의 자동차를 로컬자동차로 바꾸고 있는 추세이다. 벤츠와 BMW, 아우디가 주를 이루었던 중국 인민해방군의 관용차가 로컬브랜드인 이치자동차의 고급 세단으로 바뀌고 있는 것이다. 중국 자동차 기업을 검토할 때 이슈성으로 이치자동차를 염두에 두어야 할 이유다.

ⓦ 투자포인트 : 자국기업보호 육성정책과 관용차 지정

■ 관용차 지정

중국에서는 반부패정책의 일환으로 간부들에게 차량을 제공하는 범위를 줄이고 있다. 2014년에는 중앙정부기관, 2015년 말까지는 지방정부기관, 2016년 말까지는 전국적인 국유기업을 포함한 모든 정부 공공기관에서 관용차 개혁을 완성할 방침이다. 게다가 대기오염 문제도 심각하게 나타나면서 지역별로 등록대수를 제한하는 식으로 공급을 규제하고 있다. 모든 정책의 방향성이 자동차 업계에는 악재다. 그러나 가만히 보면 정부의 규제 속에도 틈새시장이 있다. 사치품으로 지정된 외제차는 규제를 하는 반면에 로컬차 업체에게는 그다지 눈에 띄는 규제를 하지 않는다는 점이 그렇다. 오히려 이치자동차의 차량은 관용차로 지정되고 있는 추세다.

■ 자국기업보호 육성정책

2015년 3월 15일 '소비자 권익의 날'에 국영TV인 CCTV가 자동차 산업에 대한 비판의 목소리와 함께 외제차의 폭리와 비리 등을 발표했다. 닛산, 폭스바겐, 벤츠 기업의 A/S에 대한 폭리 등 해외 브랜드에 대한 고발이 주요 내용이었다. 언론을 통제할 수 있는 중국에서 이와 같은 내용이 방영되었다는 것은 은연중에 자국기업 보호정책도 작용했다고 볼 수 있다.

■ 국유기업 개혁 이슈

중국 2위 자동차 기업인 둥펑자동차의 CEO가 교체되었다. 새로운 CEO는 바로 이치자동차 회장 출신인 주옌펑쓰延風 지린성 당위원회 부서기다. 또한 중국 언론에 따르면 둥펑자동차 이사장 출신인 쉬핑徐平 둥펑 당위원회 서기가 이치자동차의 당서기직을 겸임할 가능성이 높다. 주요 자동차 기업 수장들의 교체인사로 두 회사의 합병설도 나타나고 있다. 우선 현지에서는 합병할 것이라는 루머를 부인한 상황이다.

● 중국 자동차 판매현황

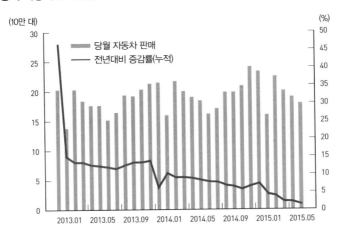

● 중국 로컬차와 외제차 판매현황

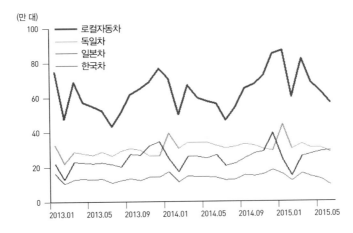

● 중국 내 자동차 그룹들의 시장점유율

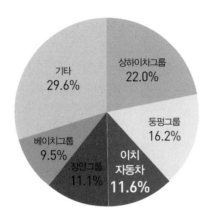

● 중국 자동차 판매현황

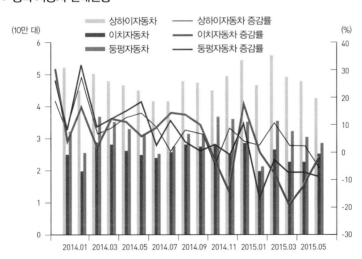

● 이치자동차 매출액 현황

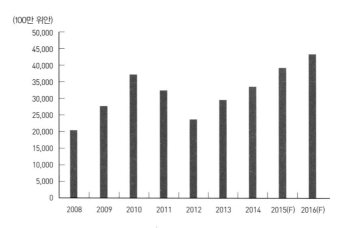

● 이치자동차 순이익 현황

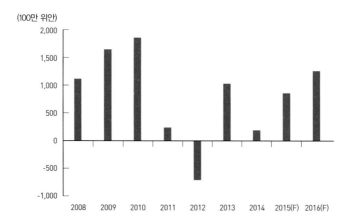

● 이치자동차 주가추이

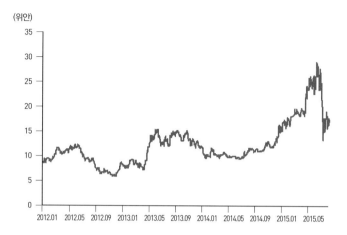

실적전망 및 분석

이치자동차는 사실 매출도, 이익도 좋지 않은 기업이다. 2014년 말 실적기준으로 2년 연속 적자다. 당연히 시장점유율도, 인지도도 최고는 아니다. 다만 앞에서 설명한 이슈성 호재로 실적 턴어라운드가 기대되는 주식이다.

지금까지 중국 전체 자동차 시장에서 관용차가 차지하는 비중은 2%에 불과했다. 또한 2016년까지 점차 관용차를 줄여나가는 정책이라 관용차가 시장 수요를 견인하기도 쉽지 않아 보인다. 또한 반부패정책이 강화될수록 관용차 위주로 브랜드를 알려온 이치자동차에게는 악재에 악재가 더해진 상황이라 볼 수도 있다.

다만 중국의 자동차 기업 중 이치자동차는 관련 이슈들 중의 교집합이 가장 많다. 고가의 수입차에 대한 규제가 지속되고 있지만 로컬브랜드

● 이치자동차 실적추이 및 전망

(단위 : 100만 위안)

	2009	2010	2011	2012	2013	2014	2015(E)	2016(E)
매출액	27,744.5	37,360.4	32,652.7	23,384.9	29,675.1	33,857.2	39,279.9	43,567.4
영업이익	1,905.7	2,245.3	183.7	-981.4	1,132.5	69.6	680.8	1,016.6
세전이익	1,645.4	1,898.7	191.7	-752.5	1,033.1	137.1	–	–
당기순이익	1,629.0	1,844.3	216.8	-756.5	1,007.1	161.3	835.4	1,231.5
성장률(%)								
매출액	-0.4	34.7	-12.6	-28.4	26.9	14.1	16.0	10.9
영업이익	–	17.8	-91.8	–	–	-93.9	878.2	49.3
세전이익	–	15.4	-89.9	–	–	-86.7	–	–
당기순이익	–	13.2	-88.2	–	–	-84.0	417.9	47.4
마진율(%)								
영업이익	6.9	6.0	0.6	-4.2	3.8	0.2	1.7	2.3
세전이익	5.9	5.1	0.6	-3.2	3.5	0.4	–	–
당기순이익	5.9	4.9	0.7	-3.2	3.4	0.5	2.1	2.8

차량은 규제의 폭이 완화되고 있고, 특히 이치자동차는 유일한 군차량 지정차가 될 가능성이 크다. 그렇기 때문에 주가에는 이슈성 수혜가 반영될 것으로 예상된다. 반부패 혐의로 쉬젠이 회장이 체포된 상태에서, 둥펑자동차 이사장 출신인 쉬핑 서기의 부임가능성도 높아지고 있다. 둥펑자동차와 합병한다는 루머도 있다. 이 두 회사의 합병 여부를 떠나 수장의 교체는 몇 년간의 적자 분위기를 쇄신하기에 가장 좋은 이슈다.

이치자동차의 가장 큰 리스크는 부패 스캔들이다. 쉬젠이 회장의 체포로 기업의 어수선한 분위기도 어느 정도 마무리되고 있는 상황이다. 하지만 또 다시 합자회사인 이치─폭스바겐 간부의 부정축재나 지린성 서기의 부패문제 등이 거론된다면 조심해야 할 종목이다. 참고로 2015년 폭스바겐의 배출가스 조작 파문이 커지고 있는 가운데, 이치자동차와의 합자회사인 이치─폭스바겐은 중국 내에서 디젤 승용차를 거의 팔고 있지 않은 상황이다.

테마 2_ 2016년의 핫이슈, 상하이디즈니랜드迪士尼乐园

    상하이디즈니랜드는 2016년 봄에 개장할 예정이다. 중국주식 투자자들에게 선강통 개통만큼이나 관심을 가져야 할 사항이다. 상하이디즈니랜드는 중국 본토에서 처음으로 건설하는 테마파크이다. 참고로 2014년 기준으로 상하이시를 방문한 관광객수는 약 800만 명이다. 중국인구를 13억으로 볼 땐 얼마 되지 않지만, 우리나라의 2014년 외국인 관광객 입국자수가 1,400만 명이라는 점을 감안하면 '한 도시'의 관광객 규모가 얼마나 큰 지 짐작할 수 있다. 이제 상하이를 방문하는 방문객들의 하루에 주목해야 한다. '무엇을 먹을지, 무엇을 마실지, 무엇을 살지, 어디에 가볼지, 어디서 투숙할지, 무엇을 타고 다닐지, 어디를 거쳐 갈지'가 관건이다. 또한 그들을 위해 서비스를 제공하는 기업과 디즈니랜드에 투자하는 기업에도 주목해야 한다.

상하이의 하늘을 맡고 있는
상하이공항

⚡ 회사소개 및 이슈

    상하이공항은 베이징공항, 광저우공항과 더불어 중국 3대 국제공항 중 하나로 중국 동쪽지역의 항공허브를 맡고 있다. 항공서비스 매출이 전체 매출에서 55.13%를 차지하고 있고, 관제탑과 활주로 자산을 동시에 보유한 기업이다. 현재 상하이시 국유자산관리감독위원회의 통제를 받고 있는 국유기업이며 상하이자유무역지구, 상하이디즈니랜드 등 이슈의 중심에 있는 기업이다.

■ 기업 개요

- **기업명(중문)** : 上海国际机场股份有限公司
- **기업명(영문)** : Shanghai International Airport Co., Ltd.
- **코드번호** : 600009.SH
- **소속지역** : 상하이시
- **소속산업** : 교통운송_공항항운
- **주요사업** : 항공지면보장서비스
- **홈페이지** : www.shairport.com
- **본사주소** : 上海市浦东新区启航路900号
- **설립일** : 1998년 02월 11일
- **상장일** : 1998년 02월 18일
- **종업원수** : 5,472명
- **구분** : 후강통 관련주, 상하이자유무역지구 관련주, 상하이디즈니랜드 관련주, 국유기업
  관련주

● 상하이공항 지배구조

● 상하이공항 매출구조

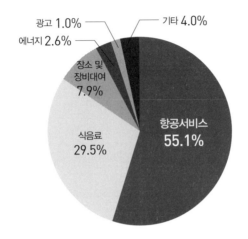

광고 1.0%
에너지 2.6%
장소 및
장비대여
7.9%
식음료
29.5%
항공서비스
55.1%
기타 4.0%

· 2014년 말 기준

● 상하이공항 마진율 추이

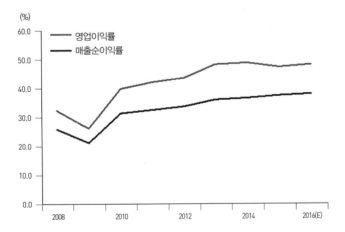

● 상하이공항 주요 주주

	주요 주주	비중
1	상하이공항(그룹)유한공사(상하이시 국유자산관리감독 위원회 소속)	53.25%
2	홍콩중앙결산유한회사	4.18%
3	E-Fund Asset(고객자금)	2.11%
4	E-Fund Asset(고객자금, 거래소)	1.52%
5	예일대학	0.90%

투자포인트 : 각종 이슈와 정책적인 수혜 기대

■ 상하이디즈니랜드 개장

상하이디즈니랜드는 2016년 봄에 개장할 예정이다. 중국 본토에서 처음으로 건설하는 테마파크인 상하이디즈니랜드는 홍콩디즈니랜드의 3배이고, 일본의 2배다. 참고로 2014년 기준으로 상하이시를 방문한 관광객수는 약 800만 명으로, 우리나라 전체 인구의 15%가 상하이를 방문한 셈이다. 2010년 상하이엑스포가 열렸을 때 관광객수는 전년대비 35%나 증가했었다. 상하이디즈니랜드 개장 후 관광객이 20%만 증가한다 해도 1천만 명이다.

■ 상하이시의 지원 가능성과 중앙정부의 지원

상하이시 정부에서는 자유무역지구를 아시아·태평양 지역의 무역허

● 상하이디즈니랜드 위치 및 규모

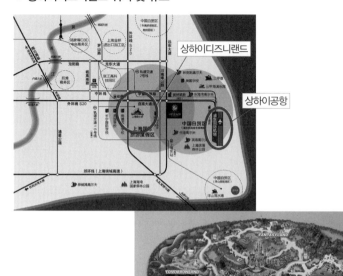

● 상하이 방문 여행객수

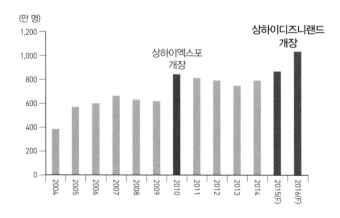

● **민간투자가 가능해지는 기간산업**(정부지원 산업)

산업	내용
전력	원자력, 수력부문 개방, 지역 간 전력수송 네트워크 조성, 각 지역 전력 네트워크 관리, 친환경 전기차 충전시설 확충 등
통신	광대역 조성, 인공위성 이용 등 관련 설비 건설, 원격 탐지 위성 연구 및 개발 등
운수	철도, **공항,** 항구 시설 조성, 하수처리, 도시수도 및 난방공급, 대중교통 등
농업	가정농장 운영 및 수리시설 확충 등
교육	교육, 의료, 문화 등 지원

브로 조성할 계획이며, 상하이공항의 푸동공항은 자유무역지구 내 유일한 공항이다. 화물운송업무에 대한 정부지원이 기대되는 이유다.

중국기업의 성장성을 볼 때 기준이 되는 가장 중요한 요소가 하나 있다. 바로 정부가 그 산업을 대하는 태도다. 중국의 공항산업은 현재 중국정부가 부양하는 몇 개 되지 않는 산업 중 하나이다. 지난 2014년 10월 중국 국가발전개혁위원회는 철도와 공항 등 인프라 투자에 관련한 8개 프로젝트를 승인했다. 또한 상무부에서는 공항산업에 대해 민간투자를 허용할 방침임을 밝혔다. 한마디로 상하이공항은 정부가 투자하고 부양하려는 방향성과 맞아 떨어진다.

ⓦ 실적전망 및 분석

상하이공항의 지난 4개년 매출액은 연평균 8.3% 증가했으며, 순이익은 12.5% 증가했다(2008년 상해엑스포 개장으로 매출이 25.4%, 당기순이익은 85.6% 증가했기 때문에 연속성이 없다고 판단하여 제외했다). 상하이공항의 2015

● 상하이공항 매출액 추이

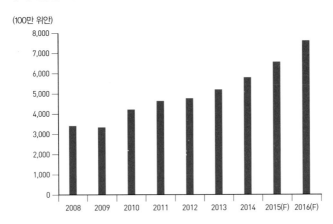

● 상하이공항 순이익 추이

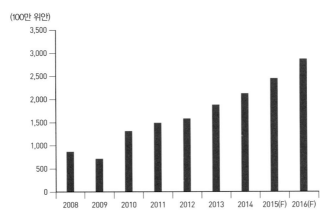

년 매출은 전년대비 13.4% 증가한 65억 2,190만 위안, 순이익은 전년대비 16.1% 증가한 24억 3,260만 위안으로 예상된다. 상하이디즈니랜드 개장 영향은 2016년 이후 반영될 것으로 예상된다.

2016년 매출액은 전년대비 16.2% 증가한 75억 7,820억 위안, 순이익은 18.1% 증가한 28억 7,360억 위안으로 예상된다. 공항산업은 정부가 밀어주는 인프라산업 중 하나이고, 상하이공항은 2016년 디즈니랜드 개장시 가장 큰 수혜를 볼 기업으로 판단된다. 또한 공항기업은 대규모 건설 이후에는 감가상각비와 인건비 정도의 고정비만 발생하기 때문에 마진이 높다는 장점이 있다.

상하이공항의 2015년 기준 PER은 22.7배, PBR은 2.8배이다. 중국 3대 국제공항의 평균 PER이 18.1배, PBR은 2.0배라는 점을 감안하면 주가가 다소 높은 상황이다. 2014년 기준도 마찬가지다. 상하이공항의

● **상하이공항 주가추이**

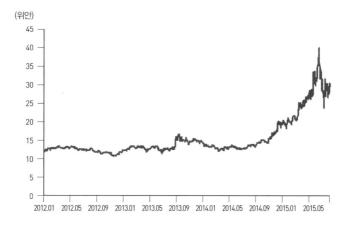

● 상하이공항 실적추이 및 전망

(단위 : 100만 위안)

	2009	2010	2011	2012	2013	2014	2015(E)	2016(E)
매출액	3,338.3	4,186.4	4,611.2	4,720.4	5,215.1	5,750.9	6,521.9	7,578.2
영업이익	873.7	1,667.7	1,944.5	2,056.9	2,510.6	2,805.7	3,076.4	3,650.3
세전이익	748.1	1,406.2	1,615.2	1,718.3	2,023.0	2,250.2	–	–
당기순이익	706.3	1,310.7	1,499.6	1,581.1	1,872.9	2,095.5	2,432.6	2,873.6
성장률(%)								
매출액	-0.4	25.4	10.2	2.4	10.5	10.3	13.4	16.2
영업이익	-18.6	90.9	16.6	5.8	22.1	11.8	9.6	18.7
세전이익	–	88.0	14.9	6.4	17.7	11.2	–	–
당기순이익	-17.8	85.6	14.4	5.4	18.5	11.9	16.1	18.1
마진율(%)								
영업이익	26.2	39.8	42.2	43.6	48.1	48.8	47.2	48.2
세전이익	22.4	33.6	35.0	36.4	38.8	39.1	–	–
당기순이익	21.2	31.3	32.5	33.5	35.9	36.4	37.3	37.9

2014년 기준 PER은 26.7배, PBR 3.1배였고, 3사 평균은 PER 21.2배, PBR 2.2배이다. 배당수익률은 2013년 기준 2.1%로 국제공항 3사 중 가장 낮다(베이징공항 2.6%, 광저우공항 5.3%).

상하이공항은 주가는 동일기업집단peer Group그룹 대비 다소 과열상태로 판단된다. 그러나 타공항에 비해 정책적인 수혜(상하이디즈니랜드와 자유무역지구)로 수익 향상이 더욱 기대되고 있고, 상하이시 정부의 지원 가능성이 높아 중장기적인 관점에서 투자매력도가 높다고 본다.

상하이공항은 정책이 끌고 실적이 미는 그야말로 핫한 종목이다. 중앙정부가 투자하는 산업이자 지방정부(상하이시)가 지원하는 산업이다. 특히 상하이자유무역지구에 이어 상하이디즈니랜드로 인해 상하이정부가 국제선 확대를 지원해줄 가능성도 있어 향후 성장잠재력이 클 것으로 판단된다. 아직 구체적인 언급은 없지만 모든 측면에서 수혜를 기대할 수 있으나, 반부패정책으로 해외여행을 통제하려는 움직임이 나타나거나 댜오위다오(센카쿠 열도) 등 영토분쟁이 심화될 때 투자자들은 매매에 주의해야 한다.

상하이에 가면 누구나 들리는
관광지 예원상성

⚲ 회사소개 및 이슈

상하이의 관광명소로 알려진 예원상가는 2016년 상하이디즈니랜드 개장을 앞두고 리모델링이 진행중이다. 예원상가는 상하이증시에 예원상성豫園商城으로 상장되어 있다. 예원상가는 귀금속, 외식사업, 의약품사업, 공예품, 식품, 부동산, 관광 등 다양한 사업을 영위하고 있다. 한마디로 상하이 관광시 필수 코스로 인식되는 관광상품이며, 그중에서도 중심에 자리잡고 있는 상하이관광 특수수혜 기업이다. 귀금속 부분이 수입에서 차지하는 비중은 91.54%이며, 외식사업은 2.9%, 의약품사업은 2.76% 순이다.

■ **기업 개요**

- **기업명(중문)** : 上海豫園旅游商城股份有限公司
- **기업명(영문)** : Shanghai Yuyuan Tourist Mart Co.,Ltd
- **코드번호** : 600655.SH
- **소속지역** : 상하이시
- **소속산업** : 상업무역–소매
- **주요사업** : 금은보석, 수출입, 상점 도소매
- **홈페이지** : www.yuyuantm.com.cn
- **본사주소** : 上海市方浜中路269号
- **설립일** : 1992년 05월 30일
- **상장일** : 1992년 09월 02일
- **종업원수** : 3,796명
- **구분** : 황금 관련주, 소비 관련주, 상하이디즈니랜드 관련주

투자포인트 : 관광산업 육성 수혜

■ **정부 중심의 관광산업 육성**

보통 우리는 중국의 소비를 바라볼 때 요우커游客라 불리는 중국인 관광객의 소비에 집중한다. 최근 중국에서는 국내 소비에도 열을 올리는 모습이다. 2015년 1월 중국정부는 재무부 홈페이지를 통해 '중국에 오는 해외 관광객 수를 늘려 중국 내 소비를 촉진시키기 위해 외국인 관광객의 중국 구매 제품에 대한 세금 환급을 실시할 것'이라고 발표했다. 이것은 예원상성과 관련된 산업인 관광산업 부양정책이다.

● 예원상성 매출구조

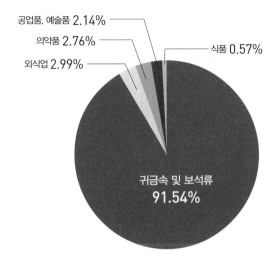

공업품, 예술품 2.14%
의약품 2.76%
외식업 2.99%
식품 0.57%
귀금속 및 보석류
91.54%

· 2015년 6월 기준

● 금가격 추이

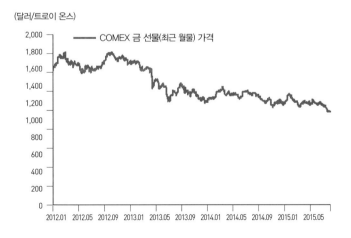

(달러/트로이 온스)

—— COMEX 금 선물(최근 월물) 가격

2,000
1,800
1,600
1,400
1,200
1,000
800
600
400
200
0

2012.01 2012.05 2012.09 2013.01 2013.05 2013.09 2014.01 2014.05 2014.09 2015.01 2015.05

● 예원상성 매출액 추이

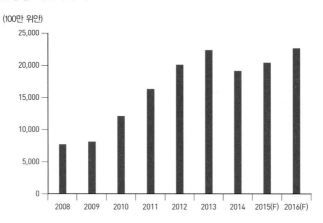

(100만 위안)

● 예원상성 순이익 추이

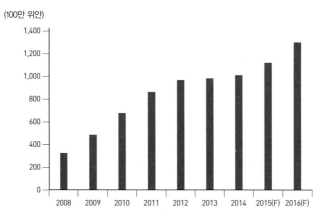

(100만 위안)

■ 미국의 금리 인상 이후 예상

미국금리 인상 이후 달러약세 전환 예상, 실물수요 증가와 공급감소 그리고 인플레 헤지용 금수요 증가 기대하고 있다. 그러나 한가지 주의해야 할 사항이 있다. 바로 금가격이다. 금가격은 현재 하락추세를 보이고 있지만, 2015년 하반기 말이나, 2016년 초에 미국 금리인상 가능성이 있기 때문에 그 이후 점차 달러 약세가 예상된다. 또한 장기적인 관점에서는 중국을 중심으로 금수요는 늘어나는 반면, 광산 노후화로 인해 금 공급은 줄어들 것으로 전망된다. 또한 경기가 회복되면서 지금까지 풀어놓은 자금들이 물가상승을 유발시키면 인플레 헤지용 금 수요도 늘어날 전망이다.

ⓦ 실적전망 및 분석

예원상성의 2014년 매출은 전년대비 15%나 감소한 것으로 나타났다. 원인은 전체 매출에서 90% 이상을 차지하고 있는 금가격 하락 때문인

● 예원상성 주가추이

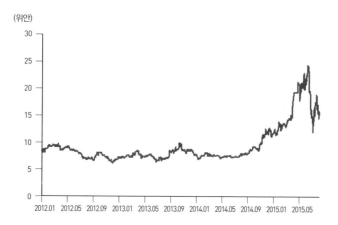

것으로 판단된다. 2015년 실적은 평년 수준을 회복할 것으로 보이며, 상하이디즈니랜드 영향은 2016년 이후에 반영될 것으로 보인다.

삼공경비 통제로 음식점 매출에 영향이 있고 금가격 하락 역시 악재다. 그러나 소비부양이라는 키워드에 주목해 볼 때 장기적인 관점으로 관광산업은 매력적인 산업 중 하나다. 중국주식 투자를 하지 않는 사람도 '상하이'라고 하면 동방명주와 예원부터 떠올릴 것이다. 예원은 관광

● **예원상성 실적추이 및 전망**

(단위 : 100만 위안)

	2009	2010	2011	2012	2013	2014	2015(E)	2016(E)
매출액	8,256.2	12,070.2	16,604.0	20,297.7	22,522.8	19,152.9	20,422.4	22,682.6
영업이익	551.8	855.2	992.3	1,098.8	1,236.9	1,115.4	1,288.4	1,540.6
세전이익	507.8	712.8	906.0	999.0	1,028.4	1,026.4	–	–
당기순이익	481.5	672.7	855.0	967.9	980.8	1,003.0	1,124.1	1,300.3
성장률(%)								
매출액	5.1	46.2	37.6	22.2	11.0	-15.0	6.6	11.1
영업이익	57.3	55.0	16.0	10.7	12.6	-9.8	15.5	19.6
세전이익	38.4	40.4	27.1	10.3	2.9	-0.2	–	–
당기순이익	46.5	39.7	27.1	13.2	1.3	2.3	12.1	15.7
마진율(%)								
영업이익	6.7	7.1	6.0	5.4	5.5	5.8	6.3	6.8
세전이익	6.2	5.9	5.5	4.9	4.6	5.4	–	–
당기순이익	5.8	5.6	5.1	4.8	4.4	5.2	5.5	5.7

객이라면 당연히 거쳐갈 필수 코스로, 향후 관광객이 급증할 예정이다. 바로 상하이디즈니랜드 때문이다. 예원상성은 67억 위안을 들여 상하이위타이췌청상업광장上海豫泰確誠商業廣場이라는 신규 상가를 건설할 예정이다. 2019년 9월에 완공될 예정이다. 금가격이 하락한다 해도 이런 상권장악력이 매출을 뒷받침해 줄 것이다. 하지만 주가가 이러한 호재를 이미 많이 반영했다는 점이 리스크라면 리스크다.

유통업계의 강자
백연구분

ⓦ 회사소개 및 이슈

상해백연구분은 중국 최대의 유통그룹이다. 중국 국유자산관리감독위원회에서 요우이그룹과 화리엔그룹 등 주요 유통업체를 합병하여 설립한 국유기업이다. 중국에 여행이나 출장을 가면 누구나 접했을 법한 백화점, 마트, 편의점, 약국 등이 이 기업의 직간접 지배회사이다. 대표적인 것으로 요우이 백화점, 중국 최대 체인을 자랑하는 리엔화슈퍼마켓 등이 있다. 백연구분의 원래 명칭은 '상해백연그룹구분유한공사'였으나, 2014년 8월 8일부터 A주는 '백연구분'으로 B주는 '백연B주'로 명칭을 변경했다.

자산규모와 판매규모에서 A주 유통업체 중 선두 기업이다. 연간 매출액이 500억 위안에 달하며, 전국 20개의 성과 도시에 5천 개 이상의 점포 및 채널을 보유하고 있다.

■ 기업 개요

- **기업명(중문)** : 上海百联集团股份有限公司
- **기업명(영문)** : Shanghai Bailian Group Co., Ltd
- **코드번호** : 600827.SH
- **소속지역** : 상하이시
- **소속산업** : 상업무역–소매
- **주요사업** : 금은보석, 수출입, 상점 도소매
- **홈페이지** : www.bailian.sh.cn
- **본사주소** : 上海市六合路58号新一百大厦13楼
- **설립일** : 1993년 11월 26일
- **상장일** : 1994년 02월 04일
- **종업원수** : 7,618명
- **구분** : 전자상거래 · 소비 관련주, 상하이자유무역지구 관련주, 국유기업 개혁 관련
  주, B주 동시상장주, 디즈니랜드 관련주

💡 투자포인트 : 상하이디즈니랜드로 인한 내수시장 회복 기대

내수시장의 수요가 회복되면 가장 먼저, 그리고 가장 많이 각광을 받을 산업이 유통산업이다. 특히 M&A를 통한 유통망 확보가 뒷받침되어 있다면 입지를 더욱 키울 수 있는 산업이다. 중국의 소매시장 규모는 2014년 기준 26조 위안으로 전년대비 10.3%가 증가했다. 삼공경비 축소로 전체 소비의 증가폭이 둔화되고 있다. 참고로 최근 5년간 연평균 소비증가율은 14.6%였다.

상하이시의 소매시장 규모는 8,719억 위안이고, 최근 3년간 연평균 8%대의 소비증가가 나타났다. 이는 중국 전역의 평균보다 위축된 모습이다. 참고로 백연구분의 15개 쇼핑몰 중 14개가 상하이시에 있다. 그래서 백연구분의 실적은 상하이시 내수시장 회복과 밀접하게 맞닿아 있

● 백연구분 매출비중

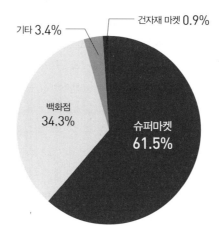

건자재 마켓 0.9%
기타 3.4%
백화점
34.3%
슈퍼마켓
61.5%

● 중국의 소매판매 총액

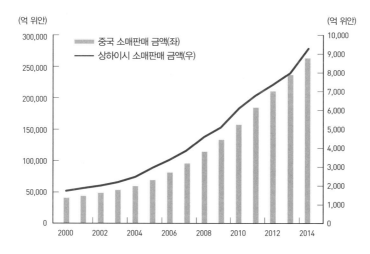

(억 위안)   (억 위안)

중국 소매판매 금액(좌)
상하이시 소매판매 금액(우)

● 백연구분 매출액 추이

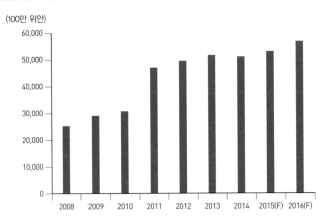

● 백연구분 순이익 추이

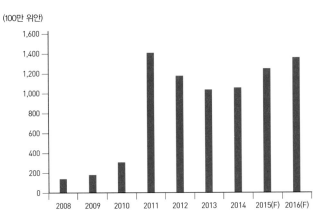

● **백연구분 주가추이**

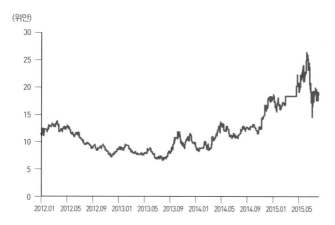

(위안)

2012.01　2012.05　2012.09　2013.01　2013.05　2013.09　2014.01　2014.05　2014.09　2015.01　2015.05

다. 상하이디즈니랜드가 개장되면 관광수요로 인한 실적 호조가 기대되는 이유다.

ⓦ 실적전망 및 분석

　백연구분의 2015년 매출은 전년대비 4.32% 증가한 533억 위안, 순이익은 전년대비 19.4% 증가한 12억 4,980만 위안으로 예상된다. 백연구분은 마진율이 낮기 때문에 매출의 절대값이 늘어야 하는데, 큰 폭으로 증가하는 모습은 아니다. 다만 2010년 상하이엑스포가 개장한 2011년 실적증가를 볼 때, 매출액은 51.4%, 순이익은 무려 3배 이상 급증한 경험이 있었다. 그래서 상하이디즈니랜드 개장이 기대되는 것이다. 2016년 실적이 기대되는 것도 이와 비슷한 논리다.

　중국의 부동산 시장이 경직되고 있고 경기침체가 장기화되면서 소비역시 위축된 모습이다. 당연히 백연구분의 매출에도 타격이 있다. 또한

● 백연구분 실적추이 및 전망

(단위 : 100만 위안)

	2009	2010	2011	2012	2013	2014	2015(E)	2016(E)
매출액	29,186.9	31,052.4	47,015.2	49,262.9	51,926.0	51,164.2	53,376.0	56,756.2
영업이익	955.8	1,106.2	2,518.3	1,973.8	1,724.6	1,534.2	1,932.8	2,051.3
세전이익	612.6	829.2	1,946.6	1,536.0	1,248.0	1,233.2	–	–
당기순이익	188.1	298.0	1,391.8	1,170.4	1,035.8	1,046.4	1,249.8	1,342.8
성장률(%)								
매출액	14.2	6.4	51.4	4.8	5.4	-1.5	4.3	6.3
영업이익	50.0	15.7	127.7	-21.6	-12.6	-11.0	26.0	6.1
세전이익	31.0	35.4	134.8	-21.1	-18.8	-1.2	–	–
당기순이익	34.5	58.4	367.0	-15.9	-11.5	1.0	19.4	7.4
마진율(%)								
영업이익	3.3	3.6	5.4	4.0	3.3	3.0	3.6	3.6
세전이익	2.1	2.7	4.1	3.1	2.4	2.4	–	–
당기순이익	0.6	1.0	3.0	2.4	2.0	2.0	2.3	2.4

온라인 소비증가가 오프라인 유통시장을 주력으로 하는 백연구분에는 매력적이지 못한 이슈다. 그러나 상하이디즈니랜드 개장 등 상하이를 중심으로 한 소비부양이 가속화되면서 탄탄한 기업으로 재평가될 것으로 기대한다. 또한 상하이 외곽지역의 아울렛 사업과 신규 점포 확장 등 새로운 사업부문도 성장동력이 될 것이다.

그 밖의 디즈니랜드 관련주

코드 번호	종목명	시가 총액 (100만 위안)	섹터 (표준업종)	기업 개요
600637.SH	동방명주	99,730	정보전송, 소프트웨어 및 정보 기술 서비스업	중국 최대의 IPTV 운영업체
600663.SH	상해 육가취	77,278	부동산업	상하이 대표 부동산 기업. 부동산 개발 및 임대, 토지사용권 양도 사업 영위
600170.SH	상해 건공	54,975	건축업	중국 최대의 건설업계 상장사. 각종 건설공사의 원도급, 설계, 시공, 도시 기반시설 건설
600009.SH	상하이 국제공항	54,918	교통운수, 보관 및 우정업	중국 최대의 국제 허브 공항. 국내외 항공사 및 여객대상 지상 · 항공서비스 제공. 항공 관련 서비스 매출 비중이 97%에 달함
600895.SH	상해 장강 하이테크	37,943	종합	상해 푸둥장강하이테크 산업단지를 기반으로 바이오 제약, 부동산 개발, 통신 및 해외 사업에 대한 투자에 주력함
600827.SH	상해 백연그룹	31,561	도매 및 소매업	중국 최대의 소매유통 그룹인 백연그룹의 자회사. 슈퍼마켓, 건자재 전문매장, 백화점, 편의점, 대형마트, 명품 아울렛 등 운영
600648.SH	상해외고 교보세구	25,992	도매 및 소매업	중국에서 유일하게 보세구 개발 · 운영에 주력하는 상장사. 물류, 대외무역, 부동산 임대 및 판매 사업을 운영하는 기업
600655.SH	상해예원 여행마트	24,593	도매 및 소매업	요식업, 귀금속 및 공예품 판매, 백화점 운영, 여행, 부동산 개발, 제약, 금융, 수출입 등 다양한 사업 영위
600754.SH	상해 금강국제 호텔	21,146	숙박 및 요식업	중국 최대 호텔 · 레스토랑 상장기업. 호텔, 레스토랑, 식품 및 프렌차이즈와 여행사업 운영

600675.SH	중화 기업	17,233	부동산업	상하이지역 최초 부동산 개발기업
600611.SH	따중교통	17,151	교통운수, 보관 및 우정업	종합 교통서비스 중심으로 부동산, 금 융, 지분투자로 사업 영역 확대. 따중 택시회사, 따중렌터카회사, 따중물류 회사, 따중국제여행과 교통따중 보유
600818.SH	상해중로	16,553	제조업	중국 최대 자전거 및 케이블 생산기업
600639.SH	상해 포동금교	15,433	부동산업	전문 부동산 개발 · 임대 기업
002699.SZ	미성문화	15,293	문화, 체육 및 오락업	중국의 주요 캐릭터 의류 및 악세서 리 제조업체. 주력 제품은 디즈니 계 열의 의류 및 악세서리
600662.SH	상해 강생 홀딩스	12,672	교통운수, 보관 및 우정업	중국 최대의 택시 운영기업으로 상하 이지역 전체 택시의 25% 운영
600676.SH	상해 교통운수	10,090	교통운수, 보관 및 우정업	물류, 운송, 자동차 부품 제조 및 A/S 서비스제공 업체
600284.SH	포동건설	10,077	건축업	상하이지역의 도시 인프라시설 건설 업체
600834.SH	상해 신통 지하철	8,402	교통운수, 보관 및 우정업	중국 유일한 레일교통 상장사로 지하 철 운영 업체. 매출의 100%가 상하이 1호선에서 발생
600836.SH	상해 계용실업	8,397	제조업	중국 포장 인쇄 선두기업
600628.SH	상해 신세계	8,030	도매 및 소매업	일용품 도소매, 호텔 및 쇼핑몰 운영, 의약품 유통 업체. 번화가 난징루와 인민광장에 신세계 백화점 보유
600278.SH	동방창업	7,515	도매 및 소매업	중국 최대 의류 수출업체. 의료기기, IT제품, 통신제품, 기계설비, 철강재, 석탄, 화학원료, 면화 등의 수입 사업 도 병행
600630.SH	상해 용두그룹	6,929	제조업	화중지역 최대의 니트 속옷 생산기업 중 하나. '산창속옷'은 중국 내 유명 브랜드로 시장점유율 25% 차지

002162.SZ	시미크 타일 (CIMIC)	5,827	제조업	고급 건축용 도자기 선두기업. 전국 140개 도시에서 약 500개의 판매망 구축
600708.SH	상해 해박	5,527	교통운수, 보관 및 우정업	택시운영, 스테인리스강 제품 생산업체. 상하이 택시업계의 4대 기업 중 하나
603008.SH	시린먼 가구	4,605	제조업	중국 최대 규모의 침대 매트리스를 생산하는 기업
600692.SH	상해 아통	4,478	교통운수, 보관 및 우정업	유람선 등 내륙하천의 여객운송, 여객 및 차량 혼합운송, 화물적재 및 대리, 연해지역의 여객 및 차량혼합운송, 부동산개발, 분양, 임대 및 중개 기업

· 시가총액은 2015년 7월 29일 기준

테마 3_ 자본시장 개방의 ▰▰▰▰▰▰▰▰▰▰ 가장 큰 수혜주, 증권주

중국에서 자본시장이 개방되면서 가장 수혜를 받는 산업은 바로 증권 업이다. 앞에서도 설명했듯 자본시장 개방 일정에 따르면 결국 중국 금 융시장의 방향성은 '점진적이면서 가속화된 개방'이다. 후강통과 선강 통으로 인한 증시개방, 상하이자유무역지구로 인한 금융서비스 개방, 마지막에는 부동산 시장과 채권 시장까지 개방되면 PF$^{project\ financing}$나 IB$^{investment\ bank}$업무까지 수혜를 받는다. 이는 모두 증권산업이다. 상하 이증시에서 2014년 초 3개월 일평균 거래대금이 940억 위안이었는데, 2015년 9월 말 현재 4,886억 위안까지 증가한 것이 그 예일 것이다. 6월 말 기준 8,700억 위안 규모에 비해서는 급감했지만, 1년 전과 비교해보 면 3~4배 증가한 규모다. 증권업의 활황은 이제 시작이다.

중국 내 상장 증권사는 총 25개다. 고객, 자본, 그리고 다변화 개혁에 걸맞은 성향을 지닌 증권사에 더욱 주목해야 할 것이다. 중국주식 투자 자라면 모두가 알고 있는 1위 증권사 중신증권은 2015년 급락시 자사주 와 대형주를 매입하며 중국정부의 보조를 맞추는 역할을 했다. 중신증 권과 해통증권은 고객과 자본 부문에서 우위에 있는 증권사이고, 금융 구분은 고객 부문에서 우위, 초상증권은 자본 부문에서 우위에 있는 증 권사로 알려져 있다. 또한 초상, 광대, 동오, 서부증권은 국유기업 개혁 관련사다.

증권업에도 리스크가 존재한다. 바로 '쏠림현상'이다. 2015년 7월 중 국 상하이증시는 일일 낙폭이 8.4%에 달했다. 개별종목도 아닌데 급락 이었다. 6월 고점 이후 중국정부의 증시안정화 대책이 출시되면서 어느 정도 반등을 하고는 있지만, 주식시장 내 개인의 비중이 80%에 달하는 등 한계에 부딪쳤기 때문이다.

중국정부는 전체 주식시장에 대해서는 장기적인 관점에서 부양과 개방이라는 정책 방향성을 유지하고 있다. 하지만 이렇게 투기세력을 통제하는 정책들이 나오면 증권주들에게는 오히려 악재로 작용한다. 여기서 말하는 악재는 투기세력을 규제한다는 점이 아니라, 규제시 급등에 따른 개인들의 차익매물이 한꺼번에 쏟아져 나올 정도로 개인 비중이 높고 쏠림현상이 심하다는 것이 증권주의 리스크다.

업계 1등이자 정부와 뜻을 같이하는 중신증권

ⓦ 회사소개 및 이슈

중신증권은 중국 최대 증권사다. 상하이와 홍콩에 동시상장되어 있으며, 이익 비중은 브로커리지 32%, 투자수익 38%, 자산관리 17%, 주식발행업무 9%, 순으로 구성되어 있다. 중신증권은 중국 내 주식과 채권 발행업 부문 1위, 수탁관리 자산규모 1위 기업이자, 브로커리지 부문 선두기업 중 하나다. 현재 주요 임직원들의 기밀 유출 및 내부자 거래로 악재가 나타나고 있으나, 중신증권의 업계 내 지위와 자산건전성, 글로벌 위상 등을 고려하면 회생불능 상태까지 갈 가능성은 희박하다는 것이 업계의 의견이다.

■ 기업 개요

- **기업명(중문)** : 中信证券股份有限公司
- **기업명(영문)** : Citic Securities Company Limited
- **코드번호** : 600030.SH
- **소속지역** : 광둥시
- **소속산업** : 금융서비스-증권
- **주요사업** : 증권, 투자은행, 자산관리
- **홈페이지** : www.cs.ecitic.com
- **본사주소** : 广东省深圳市福田区中心三路8号中信证券大厦;北京市朝阳区亮
　　　　　　　 马桥路48号中信证券大厦
- **설립일** : 1995년 10월 25일
- **상장일** : 2003년 01월 06일
- **종업원수** : 12,544명
- **구분** : 국유기업 개혁 관련주, 후강통 관련주

● 중신증권 매출구조

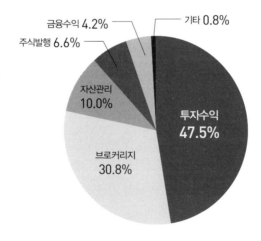

금융수익 4.2%
기타 0.8%
주식발행 6.6%
자산관리 10.0%
투자수익 47.5%
브로커리지 30.8%

· 2015년 1분기 기준

160

ⓦ 투자포인트 : 장기적인 관점이 필요

중국정부의 증시부양이 시작되면서 중신증권의 2014년 매출과 순이익은 전년대비 각각 81.2%, 116.2%가 증가한 것으로 나타났다. 2015년 실적은 절대적인 매출규모가 커진 것에 따라 수혜가 지속될 것으로 예상되나, 2014년만큼 급증하지는 않을 것으로 보인다. 다만 향후 중국정부의 정책 방향성이 '개방'이 지속될 것으로 보고 있어 장기적인 관점에서의 접근이 필요하다.

ⓦ 실적전망 및 분석

후강퉁에 이어 선강퉁까지 주식시장의 대외개방이 이어지고 있고, 증시 부양 움직임이 커지고 있어 산업 전반에 걸쳐 긍정적으로 보인다. 게다가 중신증권은 업계 1위로 이미 고객점유율이 탁월하다. 2015년 상반기 중국정부의 증시 안정화 대책이 발표되자 모든 것을 내려놓고 구국운동에 앞장섰다. 단기적인 불확실성에 투자심리가 위축되거나, 투기세

● **중신증권 매출액 추이**

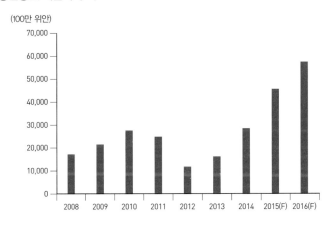

● 중신증권 순이익 추이

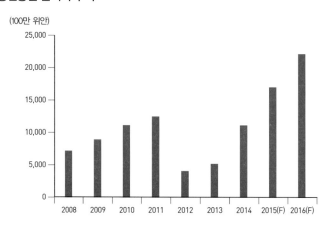

● 중신증권 주가추이

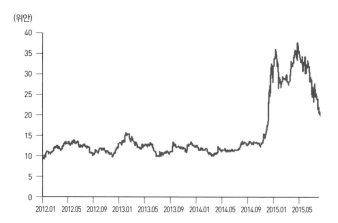

● 대형 증권주 해통증권 주가추이

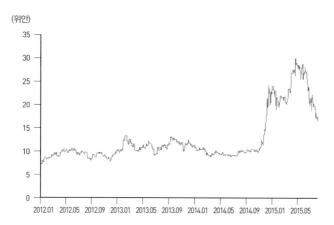

● 기타 중형 증권주 주가추이

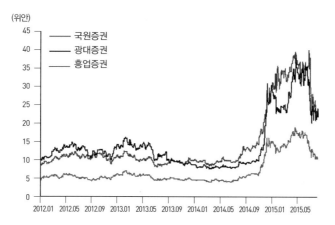

력을 견제하기 위한 중국정부의 정책이 출시되면 증권주 전반에 리스크이지만, 결국 2022년까지 자본시장을 개방하려는 정책이 호재로 작용할 것이다. 속도의 차이는 있으나 방향성은 지속되고 있기 때문이다. 중국정부가 원하는 부양은 계단식 부양으로 투기세력의 쏠림 현상이 나타날 때는 약간의 제재를 통한 강제적인 숨고르기가 예상된다.

여기에 또 주목해야 할 사항이 있다. 최근 중신증권의 고위 간부들이 내부자거래 혐의로 공안에게 조사를 받고 있다는 사실이다. 증시를 교란시킨 혐의도 있다. 2015년 9월을 기준으로 아직도 조사가 진행중이다. 이러한 이슈는 불거지게 되면 주가에 큰 악재로 작용한다. 중신증권의 청보밍 사장 등 지도부의 교체나 벌금 징수 등 강한 문책성 조치가 나타날 가능성도 있다. 중신증권이 고객과 자본 면에서 우위에 있는 업계 1위인만큼, 중국정부가 증시 혼란의 책임을 묻는 상황이 어느 정도 마무리되고 나서 관심을 가져야 할 것으로 보인다.

● **중신증권 실적추이 및 전망**

(단위 : 100만 위안)

	2009	2010	2011	2012	2013	2014	2015(E)	2016(E)
매출액	22,006.5	27,794.9	25,033.2	11,693.9	16,115.3	29,197.5	46,480.1	58,037.1
영업이익	13,260.4	16,269.2	15,011.2	5,430.7	6,859.6	13,180.3	23,423.8	30,678.6
세전이익	10,088.2	12,136.1	12,604.5	4,306.8	5,308.0	11,861.5	–	–
당기순이익	8,984.0	11,311.3	12,576.5	4,237.4	5,243.9	11,337.2	16,983.9	22,077.0
성장률(%)								
매출액	24.3	26.3	-9.9	-53.3	37.8	81.2	59.2	24.9
영업이익	38.9	22.7	-7.7	-63.8	26.3	92.1	77.7	31.0

세전이익	25.3	20.3	3.9	-65.8	23.2	123.5	–	–
당기순이익	23.0	25.9	11.2	-66.3	23.8	116.2	49.8	30.0
마진율(%)								
영업이익	60.3	58.5	60.0	46.4	42.6	45.1	50.4	52.9
세전이익	45.8	43.7	50.4	36.8	32.9	40.6	–	–
당기순이익	40.8	40.7	50.2	36.2	32.5	38.8	36.5	38.0

 참고 중국의 증권업 현황

1. 상장된 중국 증권사

코드번호	종목명	중국명	영문명	상장거래소	시가총액(억 위안)
600030.SH	중신증권	中信证券	CITICSecurities	상하이	2,541
601211.SH	국태군안증권	国泰君安	GuotaiJunanSecurities	상하이	2,111
000166.SZ	신은만국증권	申万宏源	ShenwanHongyuanGroup	선전	2,021
002736.SZ	국신증권	国信证券	GuosenSecurities	선전	1,852
600837.SH	해통증권	海通证券	HAITONGSecurities	상하이	1,850
000776.SZ	광파증권	广发证券	GFSecurities	선전	1,341
600958.SH	동방증권	东方证券	OrientSecurities	상하이	1,325
601688.SH	화태증권	华泰证券	HuataiSecurities	상하이	1,321
600999.SH	초상증권	招商证券	ChinaMerchantsSecurities	상하이	1,301
600061.SH	국투안신	国投安信	SDICEssence	상하이	813
601901.SH	방정증권	方正证券	FounderSecurities	상하이	765

601788.SH	광대증권	光大证券	EverbrightSecurities	상하이	756
002673.SZ	서부증권	西部证券	WesternSecurities	선전	749
601198.SH	동흥증권	东兴证券	DongxingSecurities	상하이	574
601377.SH	흥업증권	兴业证券	IndustrialSecurities	상하이	568
000783.SZ	장강증권	长江证券	ChangjiangSecurities	선전	566
600109.SH	국금증권	国金证券	SinolinkSecurities	상하이	541
600369.SH	서남증권	西南证券	SouthwestSecurities	상하이	507
601555.SH	동오증권	东吴证券	SoochowSecurities	상하이	477
000728.SZ	국원증권	国元证券	GuoyuanSecurities	선전	461
000750.SZ	국해증권	国海证券	SealandSecurities	선전	383
002500.SZ	산서증권	山西证券	ShanxiSecurities	선전	382
601099.SH	태평양증권	太平洋	ThePacificSecurities	상하이	337
000686.SZ	동북증권	东北证券	NortheastSecurities	선전	316
000712.SZ	금용구분	锦龙股份	GuangdongGoldenDragon Development	선전	195

· 2015년 7월 30일 기준 시가총액

2. 브로커리지 점유율 상위 10개 증권사

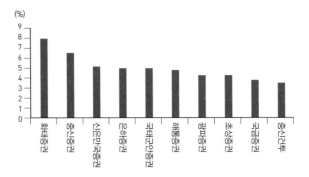

· 2014년 기준

3. 연도별 증권사 총자산 및 순이익 추이

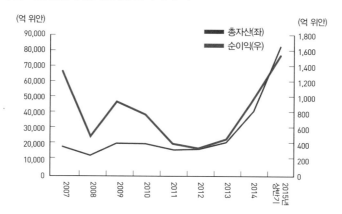

4. 대출대주업 상위 10개 증권사

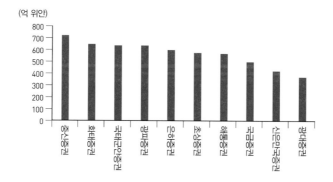

· 2014년 기준

5. 투자업 상위 10개 증권사

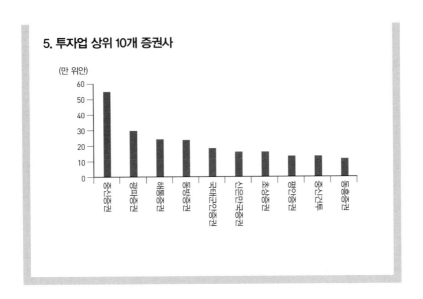

테마 4_ 선강통의 대표주, 부동산과 엔터테인먼트 산업

　중국에서 상하이거래소가 개방된 데 이어 선강통深港通(선전–홍콩 증시 교차거래) 출범 가능성이 더욱 짙어졌다. 2015년 연초 리커창 국무원 총리는 새해 첫 지방 시찰지로 선전지역을 방문하였고, 그 자리에서 선강통 시행 필요성에 대해 언급했다. 게다가 선전거래소 역시 선강통을 연구·준비중이라 언급했기에 연내 출범가능성이 점쳐지고 있다. 그러나 일각에서는 증시급락 이후 신뢰성 문제가 제기되면서 2016년으로 연기될 가능성도 말하고 있다. 하지만 우리에게 중요한 것은 개통시기보다 역시 '개방'이라는 점이다.

　선전시장의 시가총액은 2014년 말 기준으로 상하이시장 시가총액의 52% 수준이었다. 하지만 선강통 출시에 대한 기대감과 중국정부의 창업 독려로 벤처투자 붐이 나타나면서, 2015년 8월 말 기준으로 상하이지수의 66.4% 수준으로 증가했다. 규모로 보면 2014년 말 12조 8천억 위안에서 2015년 8월 말 17조 5천억 위안까지 증가했다.

　선전증시에는 민간기업과 신생기업이 주로 상장되어 있고, 그중 차스닥創業板, Chasdaq(China Securities Dealers Automated Quotation)시장과 중소기업시장이 포함되어 있다. 상하이증시의 섹터별 시총비중을 보면 금융주(34%), 산업재(19.2%), 정유주(12.9%)의 순으로 되어 있다. 반면에 선전증시의 섹터별 시총비중을 살펴보면 IT(19%), 산업재(18.6%), 경기민감소비재(16.5%) 순으로 구성된다.

　후강통이 처음 출범할 때 상하이 180, 상하이 380 등 우량기업 위주로 거래를 시작했다는 점을 감안하면, 선강통이 처음 출범할 때는 선전 100

을 우선순위로 개방할 가능성이 크다. 그러나 선강퉁이 후강퉁에 비해 매력적인 이유는 소비주, 의약주, 기술주, 그리고 컨텐츠 관련주 등 투자폭이 좀 더 다양해졌다는 점 때문이다. 그러므로 차스닥 시장의 개방도 머지않아 보인다.

중국 부동산계의 대부
반케만과 부동산

ⓦ 회사소개 및 이슈

반케만과 부동산은 중국 최대 규모 부동산 개발업체로 주택개발 및 판매, 토지개발, 건물관리 등의 사업을 전개하고 있다. 특히 1~2선 도시에서 경쟁력이 있는 것으로 알려져 있다. 판매상품 중 91% 이상이 144㎡ 이하의 중소형 상품으로 구성되어 있다.

■ 기업 개요

- **기업명(중문)** : 万科企业股份有限公司
- **기업명(영문)** : China Vanke Co., Ltd.
- **코드번호** : 000002.SZ
- **소속지역** : 광둥성
- **소속산업** : 부동산-부동산 개발
- **주요사업** : 부동산 개발 · 건축 · 판매 · 관리

- **홈페이지** : www.vanke.com
- **본사주소** : 广东省深圳市盐田区大梅沙环梅路33号万科中心
- **설립일** : 1984년 05월 30일
- **상장일** : 1991년 01월 29일
- **종업원수** : 35,330명
- **구분** : 선강통 관련주

💡 투자포인트 : 도시화로 인한 인프라 투자 확대

■ 장기적인 프로젝트, 도시화

부동산 시장이 불안정한 모습을 보이고 있지만, 중국의 도시화는 현재진행중이다. 도시화의 파급력은 어마하게 클 것으로 기대한다. 향후 도시화로 인한 인프라 투자가 지속적으로 진행될 것이며, 이는 장기적인 부동산 시장의 수요가 될 것이라고 판단하고 있다. 도시화, 그중에서도 광역화 정책은 위축된 부동산 시장의 핵심이 될 것으로 보인다. 중국정부는 징진지 프로젝트, 장강경제통합권, 일대일로 정책 등을 지속적으로 언급하며 부동산 경기를 부양하려 하고 있다. 부동산 관련 대출규제를 완화하고, 가격제한령을 해제하는 등 여러 조치들이 나타나고 있어 시장이 되살아날 가능성이 농후하다는 판단이다.

하지만 장기적인 수요는 둘째치고 현재 중국 매크로 상황 악화로 경착륙 우려가 팽배해 있다. 이에 대출규제가 완화되고 금리인하가 나타나는 등 통화가 풀리는 모습이다. 정부정책의 완화, 그리고 그에 대한 심리회복으로 부동산 시장의 반등이 기대된다.

● 반케만과 부동산 매출비중

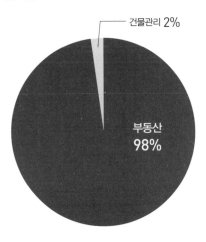

건물관리 2%

부동산
98%

● 반케만과 부동산 지역별 수익분포

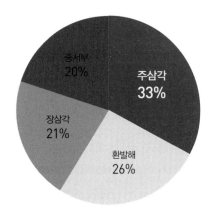

중서부
20%

주삼각
33%

장삼각
21%

환발해
26%

● 중국 부동산 정책 완화로 인한 부동산 경기 추이

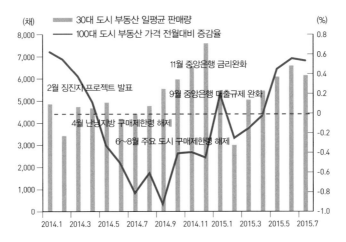

🄦 실적전망 및 분석

반케만과 부동산의 2009년 이후 5년간 순이익 증가율은 연평균 30.4%
다. 다만 부동산 규제가 강화되고 실질적으로 거래가 늘지 않으면서 2013
년 순이익은 전년대비 20.5% 증가에 그쳤고, 2014년은 경기둔화 영향으로
4.15% 증가했다. 2014년 말부터 부동산 규제가 부분적으로 완화되었고,
관련 대출규제는 대부분 풀렸으며, 구매제한령과 가격제한령도 해제되고
있는 모습이다.

허베이성의 경우에는 2015년 2분기 전체 대출 총수요 지수는 65.7pt로
전분기대비 1.5%pt 상승했고, 그중 부동산 대출 총수요 지수는 53.2pt로
전분기대비 3.2%pt 증가한 것으로 나타났다. 이와 같은 부동산 규제 완화
로 2015년 하반기부터는 부동산 시장의 턴어라운드가 기대되고 있다. 반케
만과 부동산의 2015년 매출은 전년대비 18.16%, 순이익은 17.86% 증가할

● 반케만과 부동산 매출액 추이

(100만 위안)

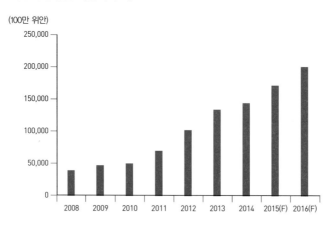

● 반케만과 부동산 순이익 추이

(100만 위안)

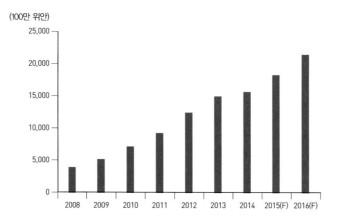

● 반케만과 부동산 월간 판매규모

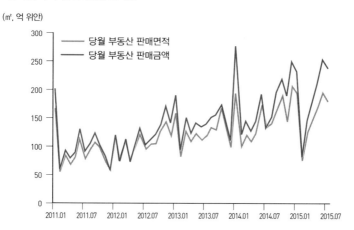

● 반케만과 부동산 연간 개발 목표치

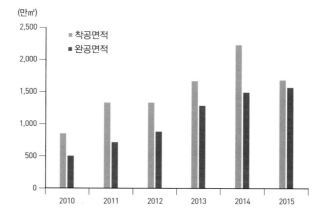

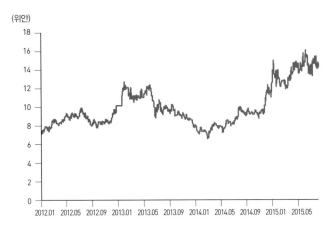

것으로 예상된다.

부동산기업은 정책의 영향을 가장 많이 받는 주식이다. 특히 중국의 부동산 대표기업인 반케만과의 부동산 판매량은 중국 매크로를 보는데 중요한 지표 중 하나이다. 중국정부는 부동산 시장의 활황으로 투기세력이 몰리면 규제를 발표하고, 부동산 시장의 위축으로 가격이 빠지면 규제를 일부 완화시켜 시장의 일정 수준을 맞추는 정책을 펴고 있다.

지난 2014년 3월 2일부터 중국에서 부동산 등기제가 시행됐다. 그동안 중국은 지방정부가 부동산 시장을 관리해왔고, 규정 또한 제각각이라 집계도 잘 되지 않았다. 또 집계가 되더라도 누락된 부분이 많았다. 이러한 허점 때문에 부동산은 고위관료층의 부정축재 수단으로 이용되었는데, 이번에 등기제를 시행하게 되었다. 그러므로 이번 부동산 등기제는 부동산 시장을 규제하려는 목적이 아닌, 반부패정책의 수단으로 나타난 정책이다. 그러나 목적이 그게 아니어도 결과적으로는 부동산 관련주에 하나의 악재로 작용할 수 있다.

● 반케만과 부동산 실적추이 및 전망

(단위 : 100만 위안)

	2009	2010	2011	2012	2013	2014	2015(E)	2016(E)
매출액	48,881	50,714	71,783	103,116	135,419	146,388	172,974	201,826
영업이익	8,685	11,895	15,763	21,013	24,261	24,979	29,756	34,465
세전이익	6,430	8,840	11,600	15,663	18,298	19,288	–	–
당기순이익	5,330	7,283	9,625	12,551	15,119	15,746	18,558	21,641
성장률(%)								
매출액	19.2	3.7	41.5	43.7	31.3	8.1	18.2	16.7
영업이익	36.5	37.0	32.5	33.3	15.5	3.0	19.1	15.8
세전이익	38.6	37.5	31.2	35.0	16.8	5.4	–	–
당기순이익	32.1	36.7	32.2	30.4	20.5	4.1	17.9	16.6
마진율(%)								
영업이익	17.8	23.5	22.0	20.4	17.9	17.1	17.2	17.1
세전이익	13.2	17.4	16.2	15.2	13.5	13.2	–	–
당기순이익	10.9	14.4	13.4	12.2	11.2	10.8	10.7	10.7

따라서 장기적인 광역화 정책이 반케만과 부동산의 매출을 뒷받침해줄 것이고, 타사대비 경쟁력이 탁월하다고 판단되기 때문에 선강퉁 개장 이후 관심을 갖고 지켜봐야 할 종목 중 하나이다. 부동산 등기제를 제외하면 최근 대도시의 LTV 비율이 하향조정 된다던지, 한구령(구매제한령, 1가구 2주택 혹은 1가구 3주택 등)과 한가령(가격제한령, 매매가 상한선을 제한해 고가 부동산 매매를 통제)이 해제되고 있다는 점은 반케만과 부동산에 긍정적인 영향을 줄 것이다.

중국 엔터테인먼트계의 대부
화이브라더스

🅦 회사소개 및 이슈

화이브라더스는 중국 최대의 엔터테인먼트 기업이다. 그동안 영화시장 점유율 30% 이상을 꾸준히 달성하였고, 감독과 배우 등 인지도가 높은 100여 명이 소속되어 있다. 2012년에는 박스오피스 21억 6천만 위안을 달성했고, 2013년에는 30억 위안을 돌파했다. 하지만 2014년 들어서 영화사업 비중을 줄이고, 게임시장에 진출하면서 종합 엔터테인먼트 기업으로 변모 중이다. 화이브라더스는 중국의 대표 기업인 마馬씨 3인방이 투자한 회사로도 알려졌다. 참고로 마씨 3인방은 알리바바의 마윈馬雲, 텐센트의 마화텅馬化騰, 평안보험의 마밍저馬明哲이다.

■ 기업 개요

- **기업명(중문)** : 华谊兄弟传媒股份有限公司
- **기업명(영문)** : Huayi Brothers Media Corporation
- **코드번호** : 300027.SZ
- **소속지역** : 저장성
- **소속산업** : 미디어
- **주요사업** : 영화제작, 드라마제작 · 방영, 극장
- **홈페이지** : www.huayimedia.com / www.hbpictures.com
- **본사주소** : 北京市朝阳区朝阳门外大街18号丰联广场A座908室
- **설립일** : 2004년 11월 19일
- **상장일** : 2009년 10월 30일
- **종업원수** : 999명
- **구분** : 차스닥 관련주, 문화산업 육성정책 관련주, 알리바바 관련주, 마윈 관련주, 모바일게임 관련주

● 화이브라더스 매출구조

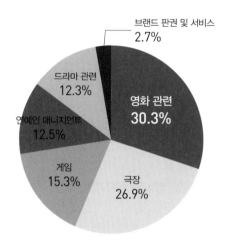

브랜드 판권 및 서비스
2.7%

드라마 관련
12.3%

연예인 매니지먼트
12.5%

게임
15.3%

영화 관련
30.3%

극장
26.9%

● 주요 기업들의 화이브라더스 투자현황

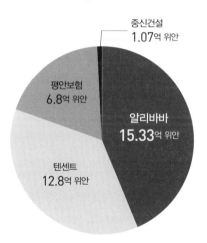

중신건설
1.07억 위안

평안보험
6.8억 위안

알리바바
15.33억 위안

텐센트
12.8억 위안

· 총 투자규모 36억 위안

화이브라더스는 중국 최대 전자상거래 업체인 알리바바 그룹을 통해 영화마케팅, 홍보, 판매를 위한 전략을 구축하고, 텐센트의 게임, 만화 등 소재를 이용해 영화제작에 나설 것이며, 중국에서 범용되는 QQ와 위챗을 통해 영화플랫폼을 출시할 계획이다. 또한 금융재단 평안그룹과 합세하여 '아시아의 디즈니'가 되기 위한 글로벌 영화 제작 및 다양한 인수합병을 위한 발판을 마련할 계획이다.

⑨ 투자포인트 : 탑다운 방식의 정부자금 지원

■ 정부지원

2014년 10월 27일 상하이시의 영화 관련 기관들은 '2014 상하이 영화 프로젝트 포럼'을 통해 영화산업 지원확대 정책을 발표했다. 이 포럼에서는 매년 중국정부가 최대 2억 위안의 발전기금을 출자하기로 발표했고, 관련 기업에게는 기업소득세를 50%까지 낮춰준다고 언급했다. 뿐만 아니라 토지 사용에 필요한 자금조달을 지원하는 것도 언급되었다. 중국 사람들의 소득이 증가하며 여유가 생기고, 이에 따라 영화산업에 대한 정부지원책도 확대되고 있는 것이다.

중국의 영화시장은 아직 초기 수준이다. 2014년 기준으로 1인당 영화관람횟수는 1.4회(1선 도시 2.3회, 2선 도시 1.5회, 3선 도시 0.4회)로 나타났다. 참고로 미국은 4.0회, 한국은 3.2회다. 현재 영화관수와 스크린수가 확장되고 있고 정책지원이 본격적으로 시작되고 있는 상황에서 관심 있게 지켜봐야 할 산업이다.

● 중국 박스오피스 수입추이

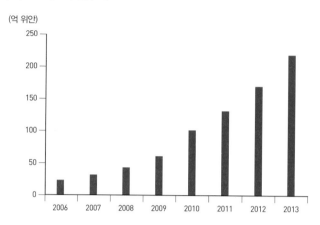

● 화이브라더스 매출액 추이

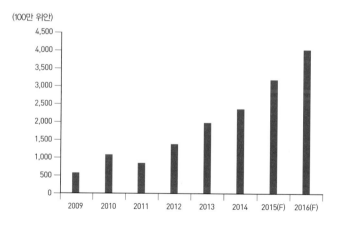

⒲ 실적전망 및 분석

화이브라더스는 사업구조를 바꾸면서 영화쪽 매출이 크게 줄고 있다. 영화 관련 파생상품 매출 또한 감소하면서 실적에 좋지 않은 영향을 미치고 있다. 2013~2014년은 모바일 게임업체를 인수하는 등 다른 쪽에서 수익이 나면서 순이익이 증가하는 모습을 보였다. 2015년에는 절대적인 순이익이 지속적으로 증가할 것으로 보이나, 전년대비 증가율이 크게 나아지지지 않을 것이라 예상된다. 2015년 화이브라더스 매출은 33%, 순이익은 17.6% 증가할 것으로 예상되지만, 증가폭이 늘어나는 것이 아니어서 실적에 대한 매력도는 떨어진다.

그러나 화이브라더스는 중국의 부호 3인방 마윈, 마화텅, 마밍저가 투자하는 기업이다. 이것은 비단 화이브라더스뿐만 아니라, 향후 중국의 영화산업에 대한 투자이기도 하다. 특히 화이브라더스는 호재로 작용할 요인이 많다. 해외시장으로의 진출을 위한 경쟁력을 확보했으며, 알리바바와 텐센

● 화이브라더스 순이익 추이

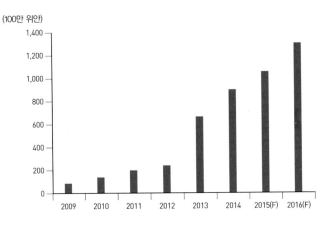

(100만 위안)

● 화이브라더스 주가추이

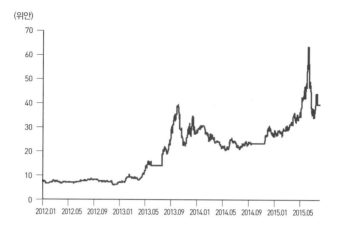

트의 인터넷 플랫폼을 통한 영화 홍보 및 컨텐츠 판매에 유리하다. 또 위러바오(알리바바가 위어바오 다음으로 출시한 온라인 펀드상품)를 통한 자금조달이 용이하다. 더군다나 텐센트와의 온라인 게임 협력 확대 등을 추진할 수도 있다.

화이브라더스는 그동안의 주력 사업이었던 영화에만 집중하는 기업이 아니다. 모바일 게임업체를 인수하였고, 컨텐츠 산업을 확장시키고 있다. 사업의 다각화와 구조적 전환을 모색하고 있다. 이것이 화이브라더스를 앞으로 주목해야 하는 이유다.

● 화이브라더스 실적추이 및 전망

(단위 : 100만 위안)

	2009	2010	2011	2012	2013	2014	2015(E)	2016(E)
매출액	604.1	1,071.7	892.4	1,386.4	2,014.0	2,389.0	3,192.0	4,054.3
영업이익	101.6	182.5	244.8	254.1	822.8	1,179.2	1,338.6	1,642.3
세전이익	84.0	150.0	205.4	240.7	673.1	1,034.4	–	–
당기순이익	84.6	149.2	202.9	244.4	665.4	896.7	1,054.3	1,298.2
성장률(%)								
매출액	47.6	77.4	-16.7	55.4	45.3	18.6	33.6	27.0
영업이익	18.3	79.6	34.1	3.8	223.8	43.3	13.5	22.7
세전이익	23.3	78.6	36.9	17.2	179.6	53.7	–	–
당기순이익	24.2	76.4	36.0	20.5	172.3	34.8	17.6	23.1
마진율(%)								
영업이익	16.8	17.0	27.4	18.3	40.9	49.4	41.9	40.5
세전이익	13.9	14.0	23.0	17.4	33.4	43.3	–	–
당기순이익	14.0	13.9	22.7	17.6	33.0	37.5	33.0	32.0

추가로 관심 있게 지켜볼 만한 미디어 기업

기업명	코드	상장 거래소	시가총액 (100만 위안)	PER (배)	ROE (%)	비고
완다시네마	002739.SZ	선전	118,166	91.6	27.6	극장체인 운영기업
중남미디어	601098.SH	상하이	39,943	20.7	16.2	중국 2대 출판미디어기업
화책픽쳐스	300133.SZ	선전 -차스닥	34,903	53.7	14.2	민영 영화제작사. 영화 및 드라마. TV프로그램 제작
블루포커스	300058.SZ	선전 -차스닥	26,283	22.8	18.9	전국적인 주요 브랜 드 PR 전문업체
환신미디어	601801.SH	상하이	24,588	30.5	14.6	중부지역 최대 출판물 발행기업

· 2015년 7월 29일 종가기준

 선전-홍콩 동시상장주

	기업명	선전코드	홍콩코드	업종
1	반케만과 부동산	000002.SZ	02202.HK	부동산
2	유시동력	000338.SZ	02338.HK	자동차부품
3	안강스틸	000898.SZ	00347.HK	철강
4	여주제약	000513.SZ	01513.HK	제약
5	중흥통신	000063.SZ	01763.HK	통신
6	금풍과기	002202.SZ	02208.HK	풍력설비
7	중연중과	000157.SZ	01157.HK	기계설비

8	비야디(BYD)	002594.SZ	01211.HK	자동차
9	중집그룹	000039.SZ	02039.HK	물류장비
10	해신과룡	000921.SZ	00921.HK	전기기기
11	동강환보	002672.SZ	00895.HK	환경폐기물 처리
12	신명지업	000488.SZ	01812.HK	제지
13	신화제약	000756.SZ	00719.HK	제약
14	경위방기	000666.SZ	00350.HK	방직기계
15	동북전기	000585.SZ	00042.HK	송변전 설비제조
16	산동묵용	002490.SZ	00568.HK	기계설비
17	절강세보	002703.SZ	01057.HK	자동차부품

 참고 선전에만 상장된 우량기업

기업명	코드	산업	시가총액 (100만 위안)	PER (배)	PBR (배)	ROE (%)	비고
메이디그룹	000333.SZ	가전	143,376	10.8	2.7	27.9	소형가전제품 제조기업
우량예	000858.SZ	음식료	97,670	15.8	2.3	14.2	바이주 대표기업
운남백약	000538.SZ	제약	76,855	25.1	5.4	22.9	중의약 제조기업
동아아교	000423.SZ	제약	31,249	18.3	4.1	22.4	중국 최대 아교 생산업체, 중약· 건강보조제· 바이오의약 판매

· 2015년 7월 29일 종가기준

테마 5_ 광역화 정책의 양대산맥

수처리 산업

중국의 치수산업은 교통과 더불어 도시화의 핵심 산업이다. 특히 중국에서는 '도시배수와 오폐수처리 조례' 등 관련 정책을 지속적으로 발표하는 중이다. 12차 5개년 계획과 13차 5개년 계획의 핵심이 모두 '사람 중심의 도시화'인데, 이것이 강조됨에 따라서 산업화와 도시화로 인한 생활용수, 산업용수의 배수량이 급증하고 있는 상황이다.

2015년 현재, 중국 전역에는 3천여 곳의 오폐수처리시설이 있다. 하지만 전국 평균 도시 폐수처리율이 70% 정도에 불과한 수준으로 파악되었다. 이에 중국정부는 매년 100개 이상의 오폐수처리장과 1천 개 이상의 오폐수 처리시설을 설립할 계획임을 밝혔다.

이러한 계획뿐만 아니다. 환경보호법이 끌어주고 민관협력이 나타나며 '수질정화 10조水+条' 등 세분화된 정책들이 시행되고 있다. 구체적으로는 오폐수처리 시설 확충, 파이프망 건설, 시멘트 무해처리, 농촌 오수처리 등에 2조 위안 규모의 투자가 진행될 예정이다.

중국정부의 신환경보호법에 따르면 오폐수정화시스템을 설치하지 않는 기업들에게는 법적 규제 조치가 강력하게 시행될 것이다. 더불어 환경 관련 기업들의 측면에서 보면, 강한 정책을 시행할수록 더욱 수혜를 입을 것으로 기대된다.

오폐수처리 업계 선두인
비수이위안

🔵 회사소개 및 이슈

비수이위안은 베이징에 설립된 중국 최대 오폐수처리업체이다. 최근 몇 년 사이 칭다오, 상하이 시장 등까지 진출하여 점유율을 높이고 있다. 중국 환경 관련 민관협력 모델의 선두에 있는 기업이다.

■ 기업 개요

- 기업명(중문) : 北京碧水源科技股份有限公司
- 기업명(영문) : Beijing Originwater Technology Co.,Ltd.
- 코드번호 : 300070.SZ
- 소속지역 : 베이징시
- 소속산업 : 환경보호
- 주요사업 : 오폐수처리, 정수기판매, 시정치수사업
- 홈페이지 : www.originwater.com
- 본사주소 : 北京市海淀区生命科学园路23-2碧水源大厦
- 설립일 : 2001년 07월 17일
- 상장일 : 2010년 04월 21일
- 종업원수 : 1,625명
- 구분 : 차스닥 관련주, 환경보호 관련주, 신도시화 관련주, 오폐수처리시설 관련주

🔵 투자포인트 : 정부정책이 받쳐주는 실적 호조

중국정부의 환경정책의 수혜는 고스란히 비수이위안의 2015년 실적으로 이어질 것으로 판단된다. 2015년 매출액은 전년대비 57.9% 증가한 54억 4,590억 위안, 순이익은 전년대비 59.7% 증가한 15억 230억 위안으로 예

● 비수이위안 매출비중

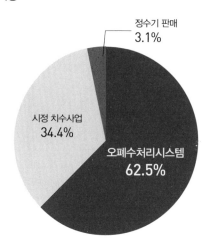

정수기 판매
3.1%

시정 차수사업
34.4%

오폐수처리시스템
62.5%

● 전 세계 수처리 시장규모

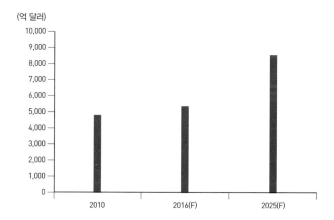

(억 달러)

● 중국 수처리 시장규모

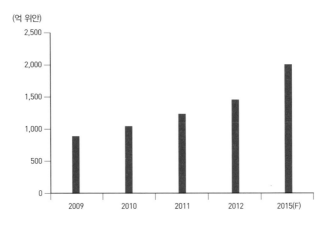

(억 위안)

● 수자원 오염방지 계획 내용

항목	내용
목표	2020년까지 전국 수자원 환경의 단계적 개선, 오염 높은 수자원 대폭 감소, 음용수 안전보장 수준으로 상승, 지하수 과대 채굴 통제, 연안해역 환경 개선, 징진지 등 지역의 수중 생태계 환경 보전을 위해 노력
주사업	2020년까지 장강, 황하, 주강, 송화강, 회하, 해하, 요하 등 7대 중점 유역 수질 70% 이상(3류 이상)으로 개선, 음용수 수자원 수질 3류 이상 비율을 93%까지 개선, 연안해역 수질(1, 2류) 비율을 70%까지 개선, 징진지 지역 사용불가(5류 이하) 수자원 단면 비율을 15% 이하로 낮추고 장강삼각주, 주강삼각주 지역에서 사용불가 수자원이 없어지도록 노력할 것
단속	2017년 말까지 10대 중점사업 집중단속(제지, 코크스, 질소비료, 유색금속, 염색, 1차산업 가공, 저분자 의약품 제조, 가죽 제조, 농약, 전기 도금). 제지산업 부문은 펄프 표백시 염소를 사용하지 않도록, 철강 기업의 코크스 용광로에는 건식소화 기술을, 질소비료 산업의 요소 생산시 응축액 가수분해화 공정을, 염색 산업에는 저배수 염색 기술을, 제약(항생제, 비타민) 산업에는 청정효소법을, 제혁산업에는 크롬 감량과 순환이용 방지 기술을 적용해 개선
농촌	가축과 가금 양식 부문의 오염 방지 및 정화. 2017년까지 양식 금지 구역 내의 가축 가금 양식장과 양식 전업 농가를 폐쇄하거나 이전. 징진지, 장강삼각주, 주강삼각주 등의 지역은 2016년까지 완료.
통제	용수 총량 통제. 2020년까지 전국 용수 총량은 6,700억㎥ 이내에 통제.

● 비수이위안 매출액 추이

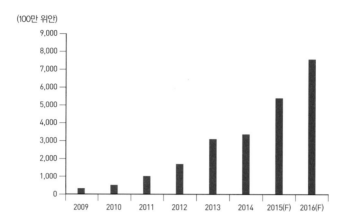

● 비수이위안 순이익 추이

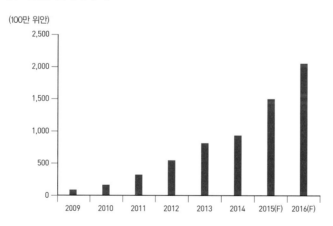

● 비수이위안 주가추이

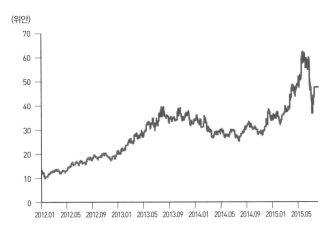

(위안)

● 비수이위안 실적추이 및 전망

(단위 : 100만 위안)

	2009	2010	2011	2012	2013	2014	2015(E)	2016(E)
매출액	313.6	500.5	1,026.0	1,771.5	3,133.3	3,449.2	5,445.9	7,657.0
영업이익	124.4	209.2	409.1	692.2	1,048.0	1,161.9	1,914.3	2,652.9
세전이익	107.6	179.4	360.5	595.8	939.9	1,013.7	–	–
당기순이익	107.2	177.0	344.5	562.5	839.9	940.8	1,502.3	2,060.8
성장률(%)								
매출액	42.0	59.6	105.0	72.7	76.9	10.1	57.9	40.6
영업이익	53.6	68.2	95.6	69.2	51.4	10.9	64.8	38.6
세전이익	44.0	66.7	100.9	65.3	57.8	7.9	–	–
당기순이익	43.3	65.1	94.6	63.3	49.3	12.0	59.7	37.2

마진율(%)								
영업이익	39.7	41.8	39.9	39.1	33.4	33.7	35.2	34.6
세전이익	34.3	35.8	35.1	33.6	30.0	29.4	–	–
당기순이익	34.2	35.4	33.6	31.8	26.8	27.3	27.6	26.9

상된다. 향후 도시화 정책이 확대되며 투자가 집중될 것으로 보여 중장기적 관점에서도 긍정적이다.

ⓦ 실적전망 및 분석

중국은 수급보다 정책이 우선하는 국가다. 그런데 예외가 있다. 정책이 뒷받침이 되면서 수요도 급증하는 산업이 몇 가지 있다. 수처리 산업은 그 중 하나로, 향후 지속적인 관심과 투자가 집중될 산업이다. 비수이위안은 산업의 선두에서 강력한 자금력과 정부가 원하는 민관협력 모델을 추진하며 시장점유율을 확장시키는 중이다. 현재 선전에 상장되어 있으며, 선강통 출범 이후 세심하게 관심을 가져야 할 종목 중의 하나다. 다만 다른 산업에 비해 시가총액이 작아 비교적 가벼운 주식이므로, 급등 이후에 차익매물 출회가능성이 높은 점은 주의해야 한다.

참고 중국 수처리 관련 기업 및 친환경 기업

기업명	코드	시가총액 (100만 위안)	PER (배)	PBR (배)	ROE (%)	비고
비수이위안	300070.SZ	51,155	33.6	7.2	20.8	베이징 도시생활 오폐수 · 산업용 오폐수 처리기업
중경수도그룹	601158.SH	45,840	25.0	3.2	11.7	충칭 최대 상하수 처리 기업
상덕환경자원	000826.SZ	33,736	29.3	5.4	18.4	고체폐기물 처리, 상수도 공급 및 오폐수 처리 기업
북경캐피탈	600008.SH	27,164	34.9	3.2	9.4	베이징 수도창업그룹 자회사로 인프라 투자 및 운영관리 회사. 베이징, 선전, 마안산, 칭다오 등 수처리 관련 사업에 투자
청신환경기술	002573.SZ	19,905	40.0	7.2	18.9	대형 연료 발전소의 연기 탈황 시설 제공 업체
중전원달	600292.SH	15,515	36.3	2.8	7.2	탈황 및 탈질 시설 건설 및 운영
동강 환경보호	002672.SZ	15,073	33.1	5.5	12.1	폐기물 관리와 환경 관리 서비스 제공
상덕국제	00967.HK	10,543	14.1	2.0	16.1	종합적인 물공급 및 오폐수처리 전문기업

· 2015년 7월 29일 종가기준

테마 6_ 삼공경비 통제와 대기오염, 이슈 강화에도 틈새는 있다

중국의 화장품 회사를 방문한 적이 있다. 그 회사의 관계자들과 많은 이야기를 나누다가 현장에서 고민하는 문제에 듣게 되었다. 자못 심각한 표정들을 봤을 때는 식품안전이나 기술문제라 생각했는데 전혀 아니었다. 그들은 바로 중국정부의 반부패정책으로 인한 매출감소를 걱정하고 있었다. 반부패정책이 장기간 유지될 것이라 생각하지는 않지만, 향후 정책이 얼마나 이어질지 장담할 수 없기에 당장의 리스크로 지적한 것이었다. 정말 심각한 표정이었다.

앞서 필자는 최소 2년 동안 부정부패 척결정책이 강화될 수밖에 없는 이유를 설명했다. 그렇다고 2년 동안 삼공경비 관련주를 투자 리스트에서 내려놓아야 할까? 혹시 관련된 틈새시장은 없을까? 거듭 고민에 고민을 해보았다. 적어도 확실한 것은 자금을 투입하는 쪽에 틈새시장이 있다는 것이다.

닫혔다고 생각했던 분야에도 새로운 물줄기는 늘 있는 법이다. 반부패와 대기오염 이슈가 동시에 맞물린 자동차 시장을 예로 들자. 자동차 번호판 등록대수를 제한하며 공급제한을 하고 있지만, 앞서 언급한 신재생에너지 자동차에는 부양정책이 나타나고 있다. 또한 자동차 산업 자체에 대해 공급의 제한이 나타나고 있지만, 못 사게 하면 빌리는 렌터카 시장이 각광을 받고 있다. 렌터카 산업은 자동차 산업에 대한 규제를 피하는 산업이자 부양시키려는 관광산업의 교집합이다. 이렇듯 어디나 새로운 길, 새로운 먹을거리가 있는 법이다.

중국 1등 렌터카 기업이자 업계 대부,
션저우렌터카

ⓦ 회사소개 및 이슈

션저우렌터카는 중국 최대의 렌터카 업체다. 2012년 4월에 미국의 증시에 상장하는 것을 포기한 이후, 2014년 9월 홍콩에 상장되었다. 매출은 렌터카 업무와 중고차판매 · 임대 업무가 주를 이룬다. 그중 단기렌탈 시장에서 31.2% 비중을 차지하며 압도적인 1위 업체이다. 차량보유 대수는 2014년 말 기준 6만 3,522대이다. 2014년 말 기준으로 70개 전국 주요 도시에 717개의 직영점이 있으며, 230만 명이 넘는 개인고객과 1만 2천여 개가 넘는 기업고객을 보유하고 있다.

■ 기업 개요

- **기업명(중문)** : 神州租车有限公司
- **기업명(영문)** : CAR Inc.
- **코드번호** : 00699.HK
- **소속지역** : 베이징시
- **소속산업** : 소비 서비스업
- **주요사업** : 렌터카, 중고차 판매 및 렌탈
- **홈페이지** : www.zuche.com
- **본사주소** : 中国北京市朝阳区望京中环南路甲2号佳境天城大厦2层
- **설립일** : 2007년 09월
- **상장일** : 2014년 09월 19일
- **종업원수** : 6,758명
- **구분** : 홍콩상장주식, 소비확대 관련주, 자동차 틈새시장 관련주

● 션저우렌터카 매출비중

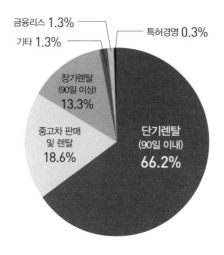

금융리스 1.3%
기타 1.3%
특허경영 0.3%
장기렌탈
(90일 이상)
13.3%
중고차 판매
및 렌탈
18.6%
단기렌탈
(90일 이내)
66.2%

● 션저우렌터카 주요 주주

	주요 주주	비중
1	그랜드 유니언 인베스트먼트	29.20
2	엠버젬 홀딩스	18.30
3	헤르츠 홀딩스	16.20
4	하오더 그룹	12.50
5	스카이 슬릭 리미티드	2.30

ⓦ 투자포인트 : 인지도 1위, 자금력 1위, 그리고 정부정책 수혜

■ 중국 1위, 그리고 자금력

선저우렌터카의 차량보유대수는 2014년 말 기준 6만 3,522대이고, 단기 렌탈 시장 매출의 31.2% 점유율을 차지하고 있다. 이것은 2위부터 10위까지 업체들의 점유율을 합한 것보다 큰 규모다. 또한 2013년 중국 쑤투연구원에서 발표한 렌터카 시장에 대한 설문조사 결과에 따르면, 고객의 선호도와 인지도에서도 압도적 1위를 차지하고 있다.

선저우렌터카는 2010년 9월 레노버홀딩스로부터 12억 위안의 투자를 유치하기도 했고, 2013년 글로벌 렌터카 업체인 헤르츠 렌터카Hertz에게 2억 달러 규모의 투자를 받기도 했다. 2014년 9월 상장 이후 2년 이내로 차량 5만 9천여 대를 추가구입할 계획임을 밝혔다. 막대한 자금력으로 확고한 1위를 지키고, 그 규모를 확장시키려는 의도로 보인다.

● 선저우렌터카 모바일 서비스 신청 규모

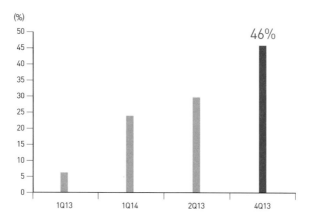

• 2014년 말 기준

■ **모바일 경영전략과 리무진 서비스**

선저우렌터카는 단기렌탈을 주력으로 하고 있다. 그래서 예약부터 지불까지 모든 시스템을 모바일 어플리케이션으로 할 수 있도록 서비스하고 있다. 또한 강력한 브랜드 파워와 인지도를 기반으로 택시시장에 위협적인 리무진 비즈니스 서비스를 제공하고 있다.

■ **정부정책 수혜**

0.4%밖에 되지 않는 중국의 자동차 보급률(미국 1.6%, 일본 2.5%)도 향후 성장성을 보여주는 하나의 지표가 될 수 있을 것이다. 하지만 2015년 현재는 친환경정책과 반부패정책으로 자동차 산업에 대한 규제가 가중되고 있다. 이런 상황에서는 렌터카 산업이 틈새시장이 될 수 있는 최대요인이다. 특히 2016년 말까지 차관급 미만의 간부들에게 제공되던 관용차가 폐지됨에 따라서 렌터카 시장의 수혜는 단기적으로도 꾸준할 것으로 예상된다.

● **전 세계 자동차 보급률**

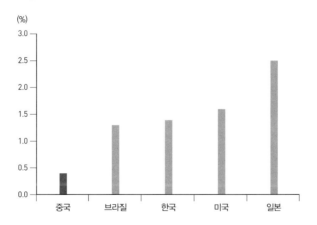

● 선저우렌터카 개인고객 보유현황

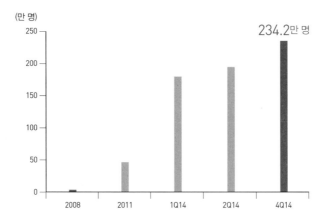

뿐만 아니라 중국은 국내 관광 및 레저산업을 육성시키고자 연휴기간 중 고속도로 통행료를 면제하고 있다. 렌터카 산업은 자동차 산업에 대한 정책 규제를 피하는 산업이자 부양시키려는 관광산업의 교집합 역할을 할 것이다. 상하이 지역의 자유무역지구에 이어 톈진 등에 자유무역지구가 확대되고 있는 상황이다. 그런데 현재 중국에서 차량을 소유하려면 그 지역의 호구(거주권)가 있어야 한다. 당연히 외국인, 외지인에게는 차량 소유가 제한되어 있다. 렌터카 시장이 성장할 수 있는 요인이 많다.

ⓦ 실적전망 및 분석

선저우렌터카는 앞에서 언급한 정책적인 수혜로 2014년에 흑자전환에 성공했다. 또한 2015년에도 호실적을 이어갈 것으로 예상한다. 2015년 매출은 전년대비 57% 증가한 55억 2,827만 위안, 순이익은 전년대비 140% 증가한 10억 4,774만 위안을 예상한다.

● 션저우렌터카 매출액 추이

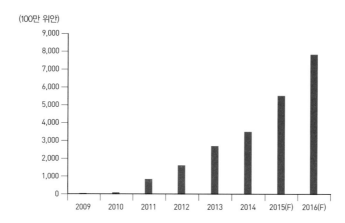

(100만 위안)

● 션저우렌터카 순이익 추이

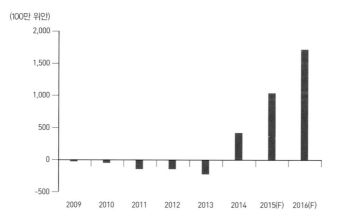

(100만 위안)

● 션저우렌터카 주가추이

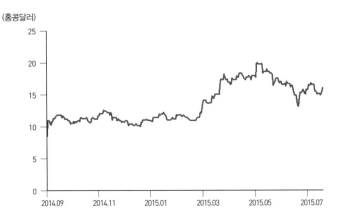

(홍콩달러)

2014.09 2014.11 2015.01 2015.03 2015.05 2015.07

● 션저우렌터카 실적추이 및 전망

(단위 : 100만 위안)

	2009	2010	2011	2012	2013	2014	2015(E)	2016(E)
매출액	54.0	143.0	819.2	1,609.0	2,702.7	3,521.1	5,528.3	7,884.1
영업이익	4.6	-24.2	-12.0	141.0	90.0	797.3	1,621.1	2,644.2
세전이익	-3.2	-43.9	-150.6	-132.4	-215.9	513.3	1,312.8	2,176.9
당기순이익	-3.2	-43.3	-151.2	-132.3	-223.4	436.1	1,047.7	1,719.2
성장률(%)								
매출액	-0.4	164.8	472.9	96.4	68.0	30.3	57.0	42.6
영업이익	–	–	–	–	–	–	103.3	63.1
세전이익	–	–	–	–	–	–	155.7	65.8
당기순이익	–	–	–	–	–	–	140.2	64.1
마진율(%)								
영업이익	8.5	-16.9	-1.5	8.8	3.3	22.6	29.3	33.5
세전이익	–	–	–	–	–	–	23.7	27.6
당기순이익	–	–	–	–	–	–	19.0	21.8

션저우렌터카의 장기적인 수요 역시 증가할 것이라는 것은 누구나 동의할 것이다. 또한 2014년 5월 초에 중국 내 관세인하 정책과 면세점 증설계획이 발표되는 등 내수소비진작 정책이 속속 발표되고 있다. 게다가 2016년 초에 개장하는 상하이디즈니랜드 소식도 션저우렌터카를 주목해야 하는 이유다.

디즈니랜드 수혜를 노리는
창성

ⓦ 회사소개 및 이슈

창성은 택시업무를 주로 하는 상하이의 대표그룹 중 하나다. 택시업뿐만 아니라 렌터카, 차량서비스, 여행, 부동산개발 등 다양한 사업을 영위하고 있는 그룹이다. 창성이 보유한 택시는 총 1만 3천여 대로 상하이시에서 25%를 점유하고 있다. 상하이시 1위의 택시업체이다.

▪ 기업 개요

- 기업명(중문) : 上海强生控股股份有限公司
- 기업명(영문) : Shanghai Qiangsheng Holding Co.,Ltd.
- 코드번호 : 600662.SH
- 소속지역 : 상하이시
- 소속산업 : 교통운수—대중교통
- 주요사업 : 택시, 렌터카, 부동산개발, 여행업무

- 홈페이지 : www.62580000.com.cn
- 본사주소 : 上海市南京西路920号18楼
- 설립일 : 1992년 02월 01일
- 상장일 : 1993년 06월 14일
- 종업원수 : 30,273명
- 구분 : 알리바바 관련주, 국유기업 개혁 관련주, 상하이디즈니랜드 관련주, 렌터카
  관련주, 후강통 관련주

● 챵성 매출비중

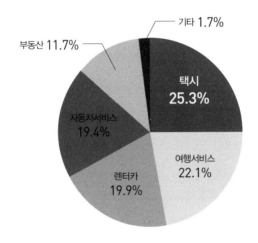

● 챵성 주요 주주

	주요 주주	비중
1	상하이치우스공사	47.88
2	중국인수보험(그룹)	0.52
3	신화인수보험(개인배당)	0.48
4	신은만국증권	0.39
5	신화인수보험(그룹배당)	0.38

ⓦ 투자포인트 : 상하이디즈니랜드 개장의 직접적인 수혜자

■ 상하이디즈니랜드 개장

상하이디즈니랜드는 2016년 봄에 개장할 예정이다. 구체적 일정은 2015년 중에 발표될 예정이다. 중국주식 투자자들이라면 선강통 개통만큼이나 관심을 가져야 할 사항이다. 상하이디즈니랜드는 중국 본토에서 처음으로 건설하는 테마파크로 홍콩디즈니랜드의 3배이고, 일본 도쿄디즈니랜드의 2배다.

필자는 상하이디즈니랜드의 공사가 어느 정도 진행 중인지, 근처 교통은

● 중국의 자동차 구매제한 정책

도시	구매방법	구체적인 내용
베이징	번호판추첨	2014~2017년까지 신규 자동차 등록대수 제한, 매년 15만 대로 제한(2013년 이전은 24만 대)하여 총 60만 대로 지정. 그중 17만 대가 신에너지 자동차로 지정
상하이	경매	매월 신규자동차 번호판 약 1만 개 방출, 2013년 말 번호판 경매가 7만 9천 위안
광저우	번호판추첨+경매	신규 12만 대로 제한(번호판 추첨과 경매가 6:4의 비율로 진행)
톈진	번호판추첨+경매	매년 신규자동차 10만 대로 제한, 광저우와 같이 6:4 비중으로 진행. 단 그중 1만 대는 신에너지 자동차로 지정
꾸이양	번호판추첨+경매	매월 신규 등록 가능 번호판 2,100개 방출
항저우	번호판추첨+경매	매월 신규자동차 등록대수 1만 개로 지정. 2014년 5월 기준 번호판 추첨률 2.2%
선전	번호판추첨+경매	2015년부터 향후 5년간 해마다 신규 등록대수 10만 대로 제한. 그중 2만 대는 전기자동차로 지정

어떻게 될지 둘러봤다. 상하이디즈니랜드는 푸둥공항에서 지하철로 4정거장(차로 30분) 거리에 있으며, 지하철역(촨샤역)에서 17분 거리였다. 2016년 초 완공을 목표로 하고 있어 아직까지는 정비되지 않은 모습이었다. 디즈니랜드 주변 부동산 시세는 지속적으로 상승하고 있었는데, 특히 호텔부지들이 눈에 들어왔다.

참고로 2014년 기준으로 상하이시를 방문한 관광객수는 약 800만 명이다. 중국인구 13억 6천만을 생각할 땐 얼마 되지 않지만, 우리나라의 2014년 입국자수가 1,400만 명이라는 점을 감안하면 '한 도시'의 관광객 규모가 얼마나 큰 지 짐작할 수 있다. 상하이디즈니랜드 개장 후, 관광객이 20%만 증가한다해도 1천만 명이나 된다.

■ 자동차 구매제한 정책 지속

친환경정책과 반부패정책으로 자동차 산업에 대한 규제가 가중되고 있다. 자동차 산업은 모든 산업의 전방산업이자 고용과 직결되는 산업이기 때문에 장기적으로는 산업 규모가 커질 것이라 판단하고 있다. 하지만 2015년 현재로서는 친환경과 반부패정책으로 인한 규제를 가장 많이 받는 분야이기도 하다.

특히 베이징, 상하이, 광저우, 톈진, 꾸이양, 항저우에 이어 스자좡과 선전시까지 8개 도시로 구매제한이 확대되고 있는 모습이다. 지역마다 제한을 하는 절대적 수치는 다르지만 신규 자동차 등록대수를 빠듯하게 제한시켜놓고, 10~20%는 신에너지 자동차로 지정했다. 중국 대부분의 도시가 번호판 추첨제와 경매제를 병행하는데, 상하이시는 경매만으로 진행하고 있다. 2013년 말 상하이시의 번호판 경매가는 대당 7만 9천 위안(약 1,380만 원)으로 집계되었다.

● **중국 신규 자동차 번호판 추첨성공률**

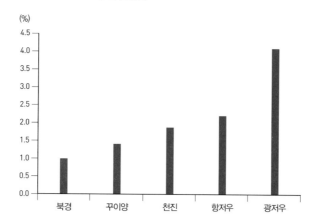

· 2013년 말 기준

● **중국 자동차 번호판 경매거래가격**

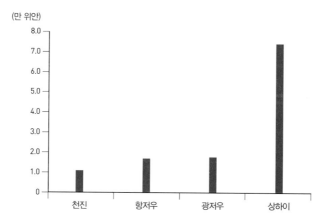

· 2014년 7월 기준

■ 자유무역지구

중국은 상하이 지역 자유무역지구에 이어 톈진 등 자유무역지구가 확대되고 있는 상황이다. 그런데 현재 중국에서 차량을 소유하려면 그 지역의 호구(거주권)가 있어야 한다. 당연히 차량소유가 외국인, 외지인에게는 제한되어 있다. 이 모든 것들이 상하이시 내에서 택시업과 자동차 렌탈 서비스 업무를 영위하고 있는 창성에 긍정적인 이슈다.

■ 택시당번제

반면에 악재도 있다. 상하이시는 상하이의 출퇴근 교통난을 해소하기 위해 2015년 4월 13일부터 택시당번제(까오핑처)를 시행했다. 스마트폰의 택시 관련 어플이 교통난을 가중시켰다고 판단한 것이다. 그래서 매일 6천 대의 차량에 한해 매주 월요일부터 금요일까지, 오전 7시 30분부터 9시 30분까지, 오후 4시 30분부터 6시 30분까지 택시 어플 사용이 금지된다. 이 제도를 도입하는 택시회사는 대형기업인 창성, 따중, 하이보, 진쟝, 인젠 등 5대 업체다.

ⓦ 실적전망 및 분석

창성의 2015년 1분기 매출액은 전년 동기대비 11.5% 증가한 945억 360만 위안, 1분기 순이익은 전년 동기대비 35.3% 증가한 31억 1,010만 위안으로 나타났다. 택시당번제 실시로 하반기 실적은 다소 저조할 것으로 판단된다. 상하이디즈니랜드 개장으로 받을 수 있는 본격적인 수혜는 2016년부터로 예상하고 있어 관심 있게 봐야 할 종목으로 판단된다.

● 창성 매출액

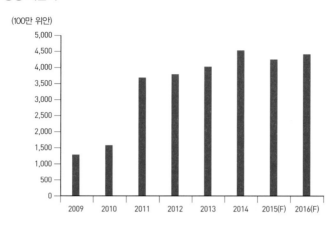

(100만 위안)

● 창성 순이익

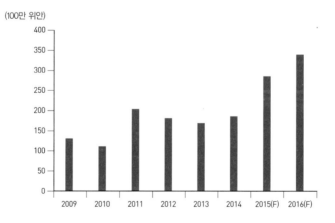

(100만 위안)

● 창성 주가추이

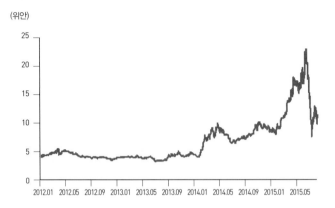

● 창성 실적추이 및 전망

(단위 : 100만 위안)

	2009	2010	2011	2012	2013	2014	2015(E)	2016(E)
매출액	1,300.5	1,575.9	3,705.0	3,813.9	4,055.3	4,555.7	4,302.0	4,431.0
영업이익	180.6	177.7	235.9	260.5	196.5	279.4	−	−
세전이익	140.4	126.1	231.7	193.5	168.1	230.5	−	−
당기순이익	130.4	110.1	204.7	182.9	170.1	187.1	285.0	341.0
성장률(%)								
매출액	-7.1	21.2	135.1	2.9	6.3	12.3	-5.6	3.0
영업이익	41.3	-1.6	32.8	10.4	-24.6	42.2	−	−
세전이익	-3.2	-10.2	83.7	-16.5	-13.1	37.1	−	−
당기순이익	12.2	-15.6	85.9	-10.6	-7.0	10.0	52.3	19.6
마진율(%)								
영업이익	13.9	11.3	6.4	6.8	4.8	6.1	−	−
세전이익	10.8	8.0	6.3	5.1	4.1	5.1	−	−
당기순이익	10.0	7.0	5.5	4.8	4.2	4.1	6.6	7.7

대기오염과 관광확대로
수익증진이 기대되는 우통버스

ⓦ 회사소개 및 이슈

　우통객차는 중국뿐만 아니라 세계 1위 중대형 버스 제조 및 판매업체이다. 매출의 95%가 자동차 판매이고 차량수리 및 서비스도 제공하고 있다. 우통객차는 2012년부터 신에너지 객차(버스) 생산기지를 건설 중이며, 규모는 60만㎡ 남짓이다. 연간생산능력은 3만 대로 계획중이다. 이는 세계 최대 신에너지 객차기지가 될 것으로 보인다.

■ 기업 개요

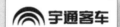

- **기업명(중문)** : 郑州宇通客车股份有限公司
- **기업명(영문)** : Zhengzhou Yutong Bus Co.,Ltd.
- **코드번호** : 600066.SH
- **소속지역** : 허난성
- **소속산업** : 교통운수–자동차
- **주요사업** : 여객자동차 생산 · 판매, 자동차 수리 인력제공, 여객운수서비스 제공
- **홈페이지** : www.yutong.com
- **본사주소** : 河南省郑州市管城区宇通路宇通工业园
- **설립일** : 1993년 02월 28일
- **상장일** : 1997년 05월 08일
- **종업원수** : 11,415명
- **구분** : 후강통 관련주, 신에너지 자동차 관련주, 대기오염 관련주, 대중교통 관련주,
　　　　친환경 관련주

● 우통객차 지배구조

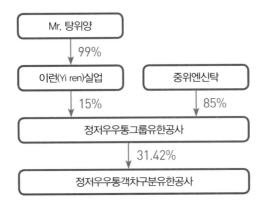

· 2013년 말 기준

● 우통객차 주요 주주

	주요 주주	비중
1	정주우통그룹유한공사	37.2
2	멍스객차유한공사	4.0
3	중국고속도로차량기계유한공사	2.0
4	전국사회보장기금	1.4
5	중국인수보험	1.3

· 2013년 말 기준

● 우통객차 매출비중

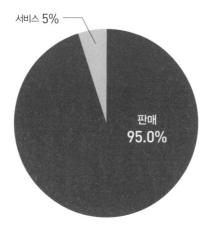

서비스 5%

판매
95.0%

· 2013년 말 기준

● 중국 내 객차 시장현황

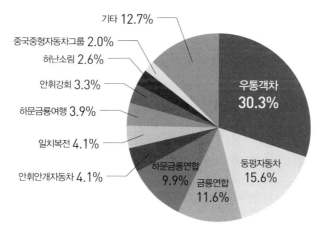

기타 12.7%

중국중형자동차그룹 2.0%

허난소림 2.6%

안휘강회 3.3%

하문금룡여행 3.9%

일치복전 4.1%

안휘안개자동차 4.1%

우통객차
30.3%

하문금룡연합
9.9%

금룡연합
11.6%

동펑자동차
15.6%

· 2013년 말 기준

● 전 세계 객차 판매량 현황

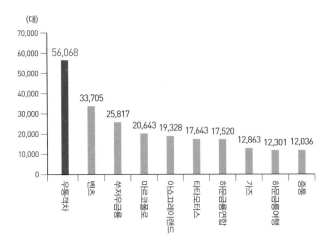

💡 투자포인트 : 환경 이슈와 정책 수혜 기대

■ 신재생에너지 버스 시장의 규모 확대

2014년 10월, 중국 교통운송부에서 2020년까지 신에너지 자동차가 대중교통(공공버스 20만 대, 택시 5만 대, 물류배송차량 5만 대 등)의 30% 이상을 점유하도록 유도할 방침임을 밝혔다. 참고로 현재 신재생에너지 차량의 대중교통 점유율은 5% 미만이다. 구체적으로 중국정부는 40개 주요 도시에서 2015년 말까지 총 17만 대의 전기버스를 구매하여 교체할 것임을 발표했다. 또한 중국정부에서는 전기버스 구입시 구매가격의 30~40%에 달하는 보조금도 지급한다.

실제로 2014년 자동차 전체 판매대수는 5만 6,068대였는데, 이 중 신재생 객차는 7,300대로 전체 자동차 판매 중 13% 남짓이었다. 이는 전년도의 3,900대 대비 87%나 증가한 수준이다. 앞서 언급한 교통운송부의 신에너지 차량의 대중교통 점유율 확대 방안에 따라 2015년 신재생에너지 객차 판매량은 1만 5천 대로 예상한다.

● **신재생에너지 자동차 중국정부 보조금과 목표치**

주최	목표	보조금
중국 중앙정부 (국가표준)	누적 50만 대	승용차(대당 3.15만 위안~5.4만 위안), 전기버스(대당 30~50만 위안)
베이징	2017년까지 누적 17만 대 (2015년 3만 대, 2016년 6만 대)	국가표준에 따라 보조금 지급
상하이	9천만 대, 충전기 4,200개 설치	승용차 대당 4만 위안, 전기버스(대당 30~50만 위안)
상하이 푸둥신구	1,050대, 충전기 300개 설치	승용차 대당 2만 위안
텐진	2015~2016년 40개 충전소, 충전기 900개 설치	국가표준에 따라 보조금 지급
충칭	3,240대, 충전기 3,010개 설치	국가표준에 따라 보조금 지급
칭다오	2015년 5천 대	승용차(대당 3.5만 위안~6만 위안)
광저우	2015년 기준 물류차 600대, 우체국차 80대, 청소차 60대, 법인 · 공산당 · 국유기업 차량 1,420대, 택시 600대, 버스 1,100대, 충전소 105개, 충전기 9,970개 설치	국가표준에 따라 보조금 지급

· 2015년 전인대 이후 발표

● 우통객차 월별 생산량 및 판매량 증감률

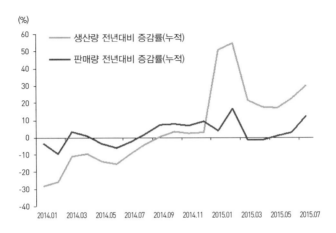

● 우통객차 월별 생산량 및 판매량

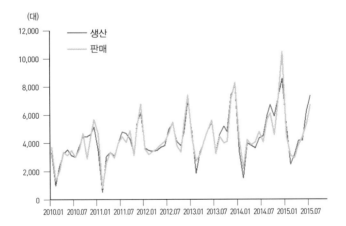

● 중국 국내 여행사 현황

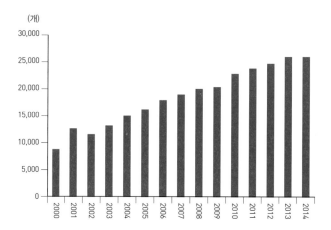

● 중국 국내 여행객수

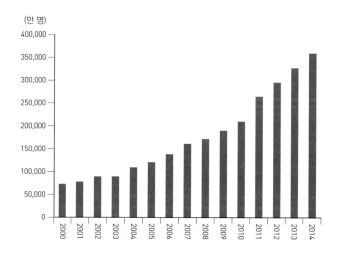

• 외국인 포함

■ 관광호재와 산아제한 완화로 인한 수혜 산업

중국에는 해마다 1~2천 개에 달하는 여행사가 생긴다. 중국 내 여행객수를 살펴보면 매년 10% 이상 늘어나고 있다. 임금인상 등에 따른 중국인들의 소비증가로 향후에도 여가 관련 수요가 증대될 것으로 보인다. 시장 자체는 견고한 것이다. 또한 최근 들어서는 소형 스쿨버스 판매가 급증하고 있는데, 향후에는 중국정부가 스쿨버스도 전기차로 교체할 방침이라서 우

● 우통객차 상품별 판매량

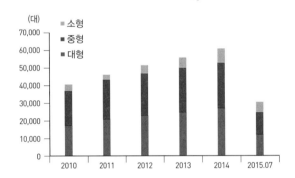

● 우통객차 지역별 매출액

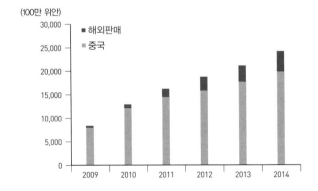

통객차의 수익향상이 기대된다.

■ 해외진출

우통객차는 최근 4년간 해외매출이 연평균 97%나 증가했다. 아직 매출에서 수출이 차지하는 비중은 16% 남짓이지만 해마다 그 비중이 증가하고 있다는 점에 주목해야 한다. 우통객차는 이미 세계 버스시장 1위의 기업이다. 해외부문 매출은 세계 경기(관광)와도 연동되어 있는데, 최근 2015년 유럽과 미국의 경기호전이 영향을 미친 것으로 판단된다.

ⓦ 실적전망 및 분석

우통객차의 지난 5개년 매출액 증가율은 연평균 22.6%였고, 순이익은 5개년 평균 29% 증가했다. 특히 중대형 버스의 시장점유율이 30.3%로 경쟁사 대비 압도적 1위를 기록하고 있다. 전기버스 생산기지 가동시 향후 수익성이 더욱 확대될 것으로 판단된다(참고로 2위 둥펑자동차는 15.6% 점유). 우

● 우통객차 매출액 추이

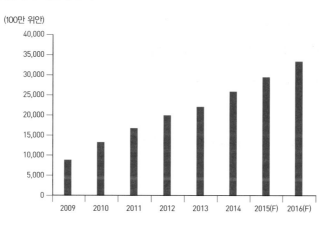

(100만 위안)

● 우통객차 순이익 추이

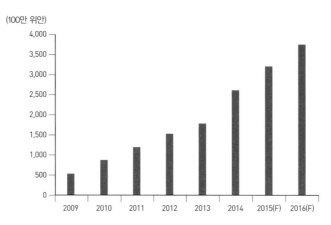

(100만 위안)

통객차의 2015년 매출은 전년대비 14.94% 증가한 295억 7,250만 위안, 순이익은 전년대비 22.7% 증가한 32억 580만 위안으로 예상된다.

우통객차의 2015년 기준 PER은 13.2배, PBR 2.8배이다. 비슷한 매출구조를 가지고 있는 금룡객차보다 가치평가적으로 매력이 있다. 또한 2013년 배당수익률도 2.8%로 동종업계 대비 높은 편이다. 우통객차는 정책의 수혜를 받는 최전방에 자리잡고 있다. 대기오염 관련 이슈가 더욱 커질 것이고, 정책이 뒷받침되고 있는 막강한 주식이다. 이익도 안정적이고, 시장점유율도 확고하며 더욱 확대되고 있는 상황이다. 대기오염으로 번호판 등록대수를 제한하며 자동차 산업을 규제하고 있으나, 신재생에너지 버스 판매로 규제에서 벗어난 회사다. 바텀업으로나 탑다운으로나 매력적인 주식이다. 중국정부 정책의 수혜를 받는 최강자이다.

● 우통객차 주가추이

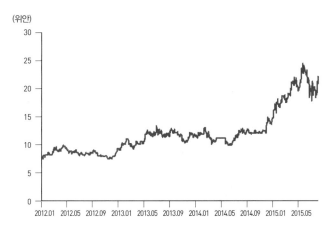

● 우통객차 실적추이 및 전망

(단위 : 100만 위안)

	2009	2010	2011	2012	2013	2014	2015(E)	2016(E)
매출액	8,781.7	7.3%	16,931.9	19,763.5	22,093.8	25,728.3	29,572.5	33,652.1
영업이익	643.4	1,004.6	1,331.4	1,637.1	1,884.0	2,902.7	3,616.5	4,325.0
세전이익	567.5	857.1	1,182.4	1,549.8	1,821.9	2,652.6	−	−
당기순이익	563.5	859.7	1,181.4	1,549.7	1,822.6	2,612.6	3,205.8	3,768.8
성장률(%)								
매출액	5.4	53.5	25.6	16.7	11.8	16.5	14.9	13.8
영업이익	2.1	56.1	32.5	23.0	15.1	54.1	24.6	19.6
세전이익	8.3	51.0	38.0	31.1	17.6	45.6	−	−
당기순이익	6.1	52.6	37.4	31.2	17.6	43.3	22.7	17.6

마진율(%)								
영업이익	7.3	7.5	7.9	8.3	8.5	11.3	12.2	12.9
세전이익	6.5	6.4	7.0	7.8	8.2	10.3	–	–
당기순이익	6.4	6.4	7.0	7.8	8.2	10.2	10.8	11.2

광명식품이 최대 주주인
상하이의 택시회사 해박

■ 기업 개요

- **기업명(중문)** : 上海海博股份有限公司
- **기업명(영문)** : Shanghai Haibo Co.,Ltd
- **코드번호** : 600708.SH
- **소속지역** : 상하이시
- **소속산업** : 종합
- **주요사업** : 물류, 운송, 요식업, 여행업
- **홈페이지** : www.hb600708.com
- **본사주소** : 上海市徐汇区宜山路829号
- **설립일** : 1993년 05월 07일
- **상장일** : 1996년 06월 06일
- **종업원수** : 14,553명
- **구분** : 전자상거래 관련주, 상하이자유무역지구 관련주, 국유기업 개혁 관련주,
  상하이디즈니랜드 관련주, 대중교통 관련주

● 해박 매출비중

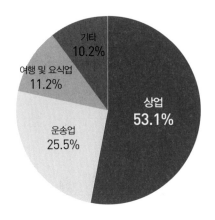

● 해박 매출액 추이

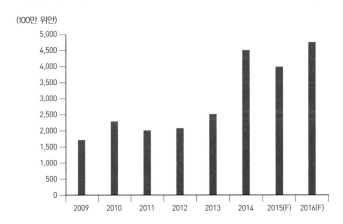

● 해박 순이익 추이

(100만 위안)

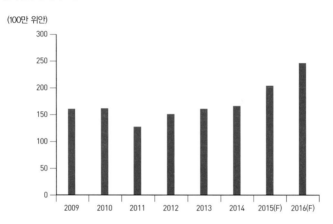

● 해박 주가추이

(위안)

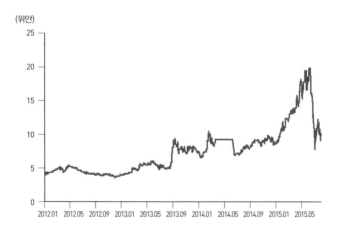

● 해박 실적추이 및 전망

(단위 : 100만 위안)

	2009	2010	2011	2012	2013	2014	2015(E)	2016(E)
매출액	1,702.0	2,283.3	2,008.8	2,109.9	2,534.5	4,526.4	4,019.0	4,742.0
영업이익	113.0	149.5	81.6	32.3	88.7	188.6	265.0	343.0
세전이익	175.5	186.1	147.2	171.2	192.2	210.1	−	−
당기순이익	160.7	162.0	127.0	151.2	161.3	164.4	204.0	245.0
성장률(%)								
매출액	2.2	34.2	-12.0	5.0	20.1	78.6	-11.2	18.0
영업이익	17.8	32.3	-45.4	-60.4	174.6	112.6	40.5	29.4
세전이익	9.8	6.0	-20.9	16.3	12.3	9.3	−	−
당기순이익	7.1	0.8	-21.6	19.1	6.7	1.9	24.1	20.1
마진율(%)								
영업이익	6.6	6.5	4.1	1.5	3.5	4.2	6.6	7.2
세전이익	10.3	8.2	7.3	8.1	7.6	4.6	−	−
당기순이익	9.4	7.1	6.3	7.2	6.4	3.6	5.1	5.2

테마 7_ 광역화와 일대일로, 그리고 그 중심의 철도

　중국 13차 5개년 개발계획의 핵심은 광역화와 일대일로이다. 여기에서 바로 핵심은 철도다. 도시화 정책은 2014년부터 꾸준히 언급되었다. 2014년의 도시화가 제도를 바꾸는 정책이 주류였다면, 2015년의 도시화는 광역화 정책에 발동이 걸리고, 2016년부터 광역화가 구체화되어 실질적인 투자가 일어나는 것이다. 진짜가 시작되는 것이다.

　특히 베이징 중심의 징진지 프로젝트, 상하이 중심의 장강경제통합권, 중국을 넘어서 인도네시아까지 뻗어나가는 신 실크로드 일대일로 정책까지 동시에 진행되는 것이다. 또한 더욱 관심이 필요한 이유로는 이 광역화의 첫 번째 단추가 교통을 일체화시키는 것이기 때문이다. 교통일체화 정책에는 도로·공항·철도 인프라 투자가 주를 이루고 있으며, 그 중심에는 '철도건설'이 있다.

　진행과정은 다음과 같다. 중국 전역에 철로를 깔고, 중간중간에 역을 만든다. 기차역이 만들어 진 지역은 '신구新區'로 지정된다. 이 신구는 쉽게 말해 신도시다. 신구를 중심으로 주변 지역을 흡수해 광역화시키려는 전략이다. 농촌을 현대화시키고, 지역별로 관광지를 육성하고, 중서부를 개발하고, 자원을 이동시키고, AIIB를 만들어 세계의 이목을 집중시켜 결국 중국 중심의 패권을 만들려는 것이다.

철도 인프라의 대부
중국철도건설

ⓦ 회사소개 및 이슈

중국철도건설은 중국중철과 함께 중국 내 철도건설 사업을 양분하고 있다. 중국철도건설은 철로를 건설할 때 기반시설을 다지는 사업을 주로 하고 있으며, 이는 매출에서 80% 이상을 차지하고 있다. 매출액 기준 전 세계 건설사 중 1위 업체이고, 2013년 중국 500개 기업 중 11위를 차지하는 등 업계 내외의 입지는 확고하다. 중국철도건설은 중국철도건축총공사가 지분의 61.33%를 가지고 있는 국유기업이다.

■ 기업 개요

- **기업명(중문)** : 中国铁建股份有限公司
- **기업명(영문)** : China Railway Construction Corporation Limited

- **코드번호** : 601186.SH
- **소속지역** : 베이징시
- **소속산업** : 건축재료─건축장비
- **주요사업** : 건축공사수주, 탐사 · 설계 · 자문, 물류, 공업제조, 부동산 개발
- **홈페이지** : www.crcc.cn
- **본사주소** : 北京市海淀区复兴路40号东院
- **설립일** : 2007년 11월 05일
- **상장일** : 2008년 03월 10일
- **종업원수** : 246,736명
- **구분** : 일대일로 관련주, 13차 5개년 계획 관련주, 국유기업 개혁 관련주, 고속철도 관련주, 후강통 관련주

● 사업부문별 매출비중

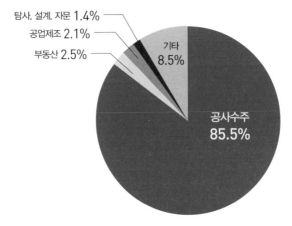

탐사, 설계, 자문 1.4%
공업제조 2.1%
부동산 2.5%
기타 8.5%
공사수주 85.5%

· 2014년 상반기 기준

● 중국철도건설 지배구조

국무원 국유자산관리감독위원회

100%

중국철도건축총공사

61.33%

중국철도건설구분유한공사

· 2015년 7월 기준

ⓦ 투자포인트 : 시진핑 정부의 중점 사업, 철도건설

■ 정부정책으로 인한 직접적인 수혜 예상

철도산업은 중국 지역들 간의 격차를 해소시키고 향후 부의 분배를 위해 중요한 산업이다. 또한 철도산업은 현재 침체된 경기를 살리기 위해 시진핑 정권 1기(~2017)에 자금이 집중적으로 투입되는 산업이다.

중국철도건설은 철도레일, 즉 철도 인프라건설 시장의 대표주자다. 2014년 상반기 기준으로 매출의 85.5%가 관련 사업에서 발생했다. 일대일로 정책이나, 징진지 프로젝트, 중서부 개발 등 향후 중국정부가 자금을 투입하여 추진하는 정책 대부분이 중국철도건설과 연관되어 있다. 그만큼 핵심적인 역할이어서 직접적인 수혜를 받을 기업이다.

■ 정부의 부정부패 척결 마무리

중국의 철도국은 그동안 부정부패의 대명사로 불리며, 파도파도 끝이 없는 비리들이 난무하는 곳이었다. 2011년 중국 저장성 원저우 고속철도 충돌사고를 계기로 부정부패 척결이 시작되었다. 사고 원인이 시스템 통제 장치의 문제로 거론되면서 철도부 부장 류즈쥔이 구속되었다. 철도부는 국무원 26개 부서 중의 하나로 인민은행, 상무부, 주택건설부 등과 동등한 300만 명의 직원이 소속된 거대한 조직이다. 류즈쥔 구속 이후에도 줄줄이 관련 인사들이 구속되었으며, 결국 2014년에는 중국중철 대표인 바이중런 총재의 자살로까지 이어졌다. 2015년 현재 시진핑 지도부의 반부패정책이 강하게 시행되고 있으나, 철도부의 부정부패 척결은 마무리되어가는 추세다.

■ 해외진출 가능성

중국철도건설은 해외 경험이 아직 많지는 않다. 매출액 중 해외 부분이 차지하는 비중은 3.6%에 불과하다. 그러나 중국 내에서의 풍부한 공사경험과 중국정부가 정책적으로 해외진출을 장려하고 있다는 점을 감안하면, 조만간 해외 부분의 매출 확대 가능성도 기대되고 있다. 특히 일대일로 정

● 중국철도건설 지역별 매출비중

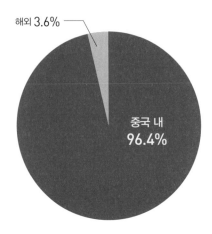

해외 3.6%

중국 내
96.4%

● 중국철도건설 거래시장 비중

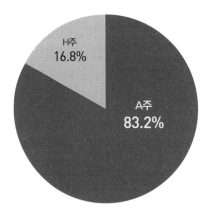

H주
16.8%

A주
83.2%

· 2014년 말 기준

● 중국철도건설 매출액 추이

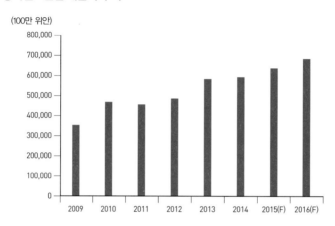

(100만 위안)

● 중국철도건설 순이익 추이

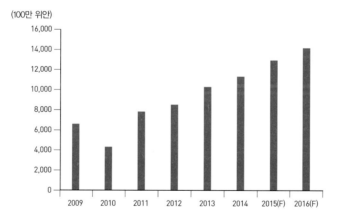

(100만 위안)

● 중국철도건설 주가추이

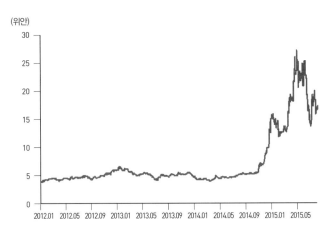

(위안)

2012.01 2012.05 2012.09 2013.01 2013.05 2013.09 2014.01 2014.05 2014.09 2015.01 2015.05

책에 힘입은 범아시아 철도건설이 진행되면서 말레이시아와 싱가폴을 잇는 고속철도 건설사업 수주 경쟁에 참여하고 있다. 중장기적으로도 수익 향상이 기대되는 이유다.

실적전망 및 분석

2015년 매출액은 전년대비 7.7% 증가한 6,377억 2,980만 위안, 순이익은 14.3% 증가한 129억 6,500만 위안으로 예상된다. 업계 특성상 마진율이 적지만 향후 정책적인 수혜를 받아 절대적인 매출이 급증할 것으로 보고 있다. 향후 3~5년간의 실적도 긍정적으로 판단된다.

철도회사의 리스크는 부채를 통한 자금조달이다. 그래서 지방정부 부채문제가 거론되고 그림자금융 문제가 수면 위에 오르면 자유롭지 못하다. 또한 앞서 언급한 반부패 리스크가 확실히 없어진 것은 아니다. 다만 이러한 리스크를 순식간에 상쇄해줄 정책이 바로 일대일로, 13차 5개년 계획, 징진지 프로젝트이다. 이러한 정책들의 핵심이 철도라는 것이고, 중국철도건설은 그 철도건설의 반을 담당할 것이라는 점이다. 리스크가 있지만 앞으로 정부가 바라보는 산업이고, 그 프로젝트의 중심에 있는 기업이다.

● 중국철도건설 실적추이 및 전망

(단위 : 100만 위안)

	2009	2010	2011	2012	2013	2014	2015(E)	2016(E)
매출액	355,521	470,159	457,366	484,313	586,790	591,969	637,730	680,341
영업이익	8,194	5,840	9,930	10,856	12,283	14,381	17,372	19,090
세전이익	6,732	4,317	7,882	8,671	10,439	11,572	-	-
당기순이익	6,599	4,246	7,854	8,629	10,345	11,343	12,965	14,197
성장률(%)								
매출액	57.2	32.2	-2.7	5.9	21.2	0.9	7.7	6.7
영업이익	74.3	-28.7	70.0	9.3	13.1	17.1	20.8	9.9
세전이익	81.6	-35.9	82.6	10.0	20.4	10.8	-	-
당기순이익	81.1	-35.7	85.0	9.9	19.9	9.7	14.3	9.5
마진율(%)								
영업이익	2.3	1.2	2.2	2.2	2.1	2.4	2.7	2.8
세전이익	1.9	0.9	1.7	1.8	1.8	2.0	-	-
당기순이익	1.9	0.9	1.7	1.8	1.8	1.9	2.0	2.1

중국의 '축구굴기'로 접근한 투자전략

지난 2015년 5월 26일 중국 베이징에선 아시아챔피언스리그^{ACL} 16강전이 열렸다. 4만 3천여 명의 관중들이 베이징 구단의 상징인 녹색 유니폼과 머플러를 두르고 분위기를 압도했다. 언론에 따르면 베이징 구단의 한 해 예산은 800억 원 이상이고, 광저우 구단은 1천억 원 이상이라고 한다. 5월 27일에는 FC 바이에른 뮌헨이 알리바바와 미팅을 갖고, 독일 축구선수들의 이름이 한문으로 새겨진 유니폼을 판매할 예정이라 전했다. 또한 7월 중으로 발렌시아 등 유럽 축구팀과 친선경기도 갖는다.

시진핑의 축구 사랑이 국가급 정책으로 이어지며, '축구굴기(축구를 일으켜 세움)'가 시작되고 있다. 중국 국무원은 2015년 3월 '중국 축구 개혁 발전을 위한 종합 계획'을 발표했다. 국무원은 리커창을 총리로 둔, 전인대에서 정한 법률에 따라 정책을 집행하는 기관이다. 국무원 산하기관은 외교부, 국방부, 발개위, 교육부, 과기부, 공업정보화부, 재정부, 국토부, 환경보호부, 주택관리부, 교통부, 인민은행 등이다. 그런데 이런 곳에서 축구 개혁을 발표했다는 점을 간과해서는 안 된다.

시진핑 국가주석이 전인대 때 축구 관련 3개의 꿈(월드컵 본선 상시 출전, 월드컵 개최, 월드컵 우승)을 언급했고, 스포츠 강국을 강조한 이후 발빠르게 발표된 계획이다. 계획의 내용은 2017년까지 축구학교 2만 개 설립, 10만 명의 축구선수 양성, 10년 내 전국에 수백 개의 축구 전용경기장 설립 등이다. 국가적으로 대대적인 투자와 엄청난 후원이 나타나고 있고 향후 그 규모는 더욱 커질 것이다.

축구와 신실크로드 정책. 최근 들어 중국에서 부각되는 정책이다. 신실크로드 정책을 간단하게 표현하면 '일대일로, One Belt One Road'이다. '중국-중앙아시아-러시아-유럽'을 잇는 육상 실크로드와 '중국-동남아시아-인도-중동-아프리카-유럽'을 잇는 해상 실크로드를 구축한다는 정책이다. 특히 2016년부터 시작되는 13차 5개년 계획의 핵심이고, 2015년 가을에 열리는 5중전회의 주제다. 축구와 신실크로드, 이 둘은 전혀 어울리지 않지만 중국인들의 단합을 일으키기에 충분하다. 반부패정책과 경기둔화에 대해 중국정부로 쏠리는 질책을 완충시켜주는 효과가 있다는 점에서 비슷하다.

같은 시기에 대두된 두 가지 정책, 우리는 그중에서 신실크로드 정책만을 바라보고 있다. 하지만 시진핑의 축구 사랑이 담긴 축구굴기 역시 국가급 정책이다. 축구 용품, 스포츠웨어, 축구화를 제작·판매하는 업체뿐만 아니라, 〈피파 온라인 3〉 같은 축구 게임, 축구 관련 드라마 방영 등 여러 가지 산업에 파생효과가 있을 것으로 보인다. 스포츠용품 기업인 나이키나 텐센트 게임즈 등도 중국 '정책' 관련주가 될 수 있다. 이제 축구는 중국에서 단순한 스포츠가 아니다. 정책이다.

테마 8_ 13억 인구의 중국, 당연하지만 무시할 수 없는 소비

중국의 힘은 어디서 나오는 것일까? 중국의 힘 중 으뜸은 13억이 넘는 인구다. 13억이 넘는 인구는 결국 13억의 시장을 의미한다. 중국이 강력해지는 만큼 중국인의 소득도 늘어나고, 소득이 늘어나면 소비도 당연히 늘어난다. 화장품과 택배, 물류, 온라인교육, 민영병원 등 살아가는 데 필요한 소비 분야는 무궁무진하다. 그러니 이제 중국인들의 소득이 늘면서 증가할 것이라 예상되는 섹터에 주목해야 할 시기다.

대기오염과 밀접한 클렌징시장의 선두 상해가화

🔅 회사소개 및 이슈

상해가화는 가용화학품家用化學品의 줄임말로, 말 그대로 가정에서 쓰는 생활용품을 주로 생산·판매하는 기업이다. 최근 화장품과 가정생활용품도 판매를 시작했지만, 화장품 기업으로도 알려져 있다. 평안보험그룹이 실질적인 모회사이고, 상해가화의 지분 중 국유지분은 없다. 국유기업으로 출발했으나 2011년부터 민영화된 기업이다. 2013년 대표이사 해임 등 경영권 분쟁이슈가 있었으나, 2015년 현재는 안정화된 모습이다. 특히 남성전문화장품 'Gf', 한방화장품 '바이차오지', 바디클렌저

'LiuShen' 등 브랜드 파워가 있다. 중가부터 고가까지 다양한 가격대의 브랜드를 보유하고 있으며 시장점유율을 확대하는 중이다.

■ 기업 개요

- **기업명(중문)** : 上海家化联合股份有限公司
- **기업명(영문)** : Shanghai Jahwa United Co.,Ltd
- **코드번호** : 600315.SH
- **소속지역** : 상하이시
- **소속산업** : 화공-화학제품
- **주요사업** : 화장품, 생활용품, 생산 및 판매
- **홈페이지** : www.jahwa.com.cn
- **본사주소** : 上海市保定路527号
- **설립일** : 1995년 12월 01일
- **상장일** : 2001년 03월 15일
- **종업원수** : 1,176명
- **구분** : 후강통 관련주

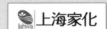

● 상해가화 주요 주주

	주요 주주	비중
1	상해가화(그룹)유한공사	26.78
2	이팡다가치성장혼합평증권투자기금	3.27
3	쟈스펀드	2.62
4	상해치우스공사	2.44
5	전국사회보장기금	2.31

· 2013년 말 기준

● 상해가화 지배구조

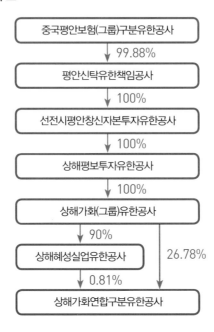

● 상해가화 지역별 매출비중

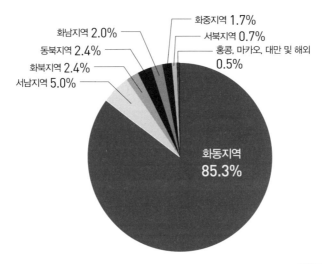

· 2013년 말 기준

ⓦ 투자포인트 : 충직한 소비군과 대기오염 이슈로 인한 수혜 기대

■ 13억 인구의 힘

원론적이지만 무시할 수 없는 것이 바로 '13억의 힘'이다. 2015년 현재 중국의 인구는 약 13억 6천만 명이다. 이는 미국 인구의 4배이고, 유럽연합 인구의 2배보다 많은 숫자이다. 2014년 중국의 국경절 소비매출은 175조 원에 달한다. 이는 우리나라 한 해 예산의 절반, 그 이상이다. 중국은 이미 세계 최대의 내수시장을 가지고 있다. 그런데 국가별 1인당 화장품 소비규모를 살펴보면, 일본이 244달러인데 비해 중국은 12달러다. 시장잠재력이 무궁무진하다는 것이다.

상해가화의 상품은 이미 중국인들의 삶에 퍼져 있다. 아직 동종업계 1등은 해외 브랜드이고 해외상품의 시장점유율은 44%에 달한다. 상해가화의 시장점유율은 2.3%에 불과하다. 하지만 최근 들어 로컬브랜드

● 국가별 1인당 화장품 소비규모

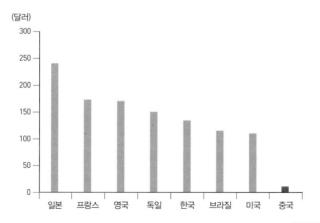

· 2012년 말 기준

의 시장이 점차 확대되고 있는 모습이고, 13억이 넘는 인구를 발판으로 시장점유율을 확보하는 것은 시간문제로 보인다.

■ 틈새시장과 해외시장 공략

상해가화는 남성전문화장품 'Gf'와 유아화장품 'Giving'을 출시하며 틈새시장을 공략했다. 특히 2014년에 산아제한이 완화되면서 유아용품 판매가 급증해 정책적인 수혜가 있을 것이란 기대감도 있다. 또한 프랑스의 로레알, 일본의 가네보, 루이비통그룹 소유의 세포라 등과 합작하여 상해가화의 한방화장품인 '바이차오지'가 해외로도 진출하고 있다.

■ 대기오염 관련주로 급부상

2015년 중국 국영TV인 CCTV 앵커가 1억 7천만 원에 달하는 사비를 들여 제작한 다큐멘터리가 있다. 앞장에서도 언급한 〈Under the Dome〉이다. 이 다큐멘터리는 중국의 대기오염 문제를 되짚어주었으며, 중국정부 역시 이를 수긍하며 환경문제에 관심을 쏟고 있는 중이다.

그동안 대기오염 문제 중 초미세먼지 이슈가 나타날 때마다 공기청정기 업체, 친환경 자동차 업체가 주식시장에서 대두되었다. 최근 들어서는 피부 클렌징이 강조되면서 화장품 기업들도 관련주로 부상하고 있다. 화장품 기업이 대기오염 관련주, 친환경 관련주로 분류되는 이유가 이것이다.

ⓦ 실적전망 및 분석

상해가화의 지난 5년 동안의 매출액 증가율은 연평균 12.4%였고, 순이익은 5년 평균 35.2% 증가했다. 2015년 매출은 전년대비 19.24%

● 중국 내 화장품 시장점유율

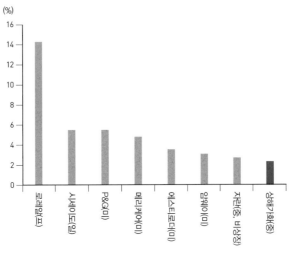

(%)

로레알(프)
시세이도(일)
P&G(미)
메리케이(미)
에스티로더(미)
암웨이(미)
자란(중, 바상장)
상해가화(중)

· 2013년 말 기준

● 중국 국경절 소비매출 추이

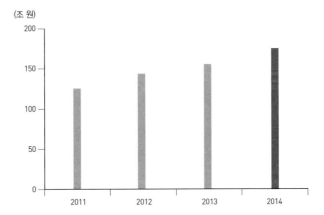

(조 원)

● 상해가화 매출액 추이

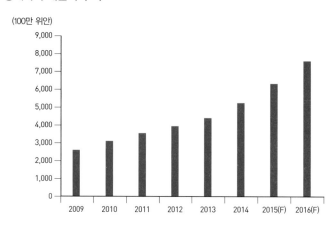

● 상해가화 순이익 추이

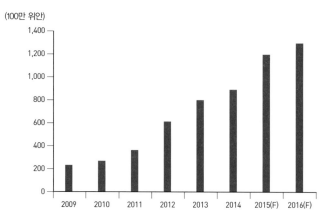

● 상해가화 주가추이

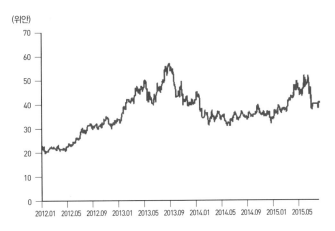

● 상해가화 실적추이 및 전망

(단위 : 100만 위안)

	2009	2010	2011	2012	2013	2014	2015(E)	2016(E)
매출액	2,697.1	3,094.0	3,576.6	3,998.9	4,468.5	5,334.7	6,361.2	7,635.4
영업이익	285.8	292.1	435.7	715.8	935.9	1,123.1	1,292.0	1,533.8
세전이익	238.8	249.7	365.0	634.7	819.7	907.5	–	–
당기순이익	233.3	275.6	361.3	621.4	800.2	897.9	1,199.8	1,306.7
성장률(%)								
매출액	8.2	14.7	15.6	11.8	11.7	19.4	19.2	20.0
영업이익	28.3	2.2	49.2	64.3	30.7	20.0	15.0	18.7
세전이익	28.0	4.6	46.2	73.9	29.1	10.7	–	–
당기순이익	26.1	18.1	31.1	72.0	28.8	12.2	33.6	8.9

마진율(%)								
영업이익	10.6%	9.4%	12.2%	17.9%	20.9%	21.1%	20.3%	20.1%
세전이익	8.9%	8.1%	10.2%	15.9%	18.3%	17.0%	–	–
당기순이익	8.7%	8.9%	10.1%	15.5%	17.9%	16.8%	18.9%	17.1%

증가한 63억 6,120만 위안, 순이익은 전년대비 33.62% 증가한 11억 9,980만 위안으로 예상된다.

상해가화의 2015년 기준 PER은 23.7배, PBR 5.8배이다. 중국 내 동일기업집단 평균 PER이 25.6배로, 다른 기업과 비교했을 때 메리트가 있다. 또한 이익증가도 꾸준하고 마진도 18%대로 안정적이다. 향후 중국인들 소비패턴의 변화, 로컬기업의 시장점유율 확대 등 중장기적인 방향성에 따라 투자매력도가 높을 것으로 보인다.

온라인 및 의료 분야 유망 기업들

온라인교육 : 아이플라이

■ 기업 개요

- **기업명(중문)** : 科大讯飞股份有限公司
- **기업명(영문)** : Iflytek Co.,Ltd.
- **코드번호** : 002230.SZ
- **소속지역** : 안후이성
- **소속산업** : IT서비스
- **주요사업** : 온라인교육
- **홈페이지** : www.iflytek.com
- **본사주소** : 安徽省合肥市高新开发区望江西路666号
- **설립일** : 1999년 12월 30일
- **상장일** : 2008년 05월 12일
- **종업원수** : 2,275명
- **구분** : 스마트시티, 온라인교육 관련주, 선강퉁 관련주, 소비 관련주

● 아이플라이 매출액 추이

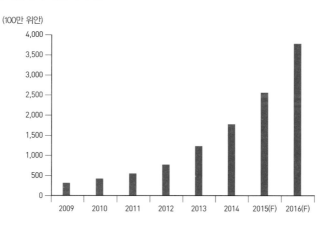

(100만 위안)

● 아이플라이 순이익 추이

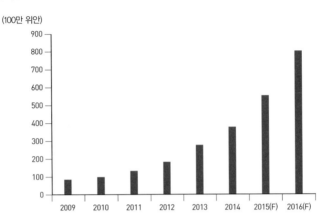

(100만 위안)

● 아이플라이 주가추이

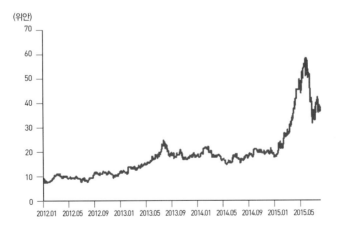

(위안)

● 아이플라이 실적추이 및 전망

(단위 : 100만 위안)

	2009	2010	2011	2012	2013	2014	2015(E)	2016(E)
매출액	307.1	436.1	557.0	783.9	1,253.7	1,775.2	2,586.2	3,786.2
영업이익	53.3	84.7	96.4	119.0	215.7	288.1	469.1	724.5
세전이익	80.1	101.1	132.6	181.7	278.4	388.5	–	–
당기순이익	80.3	101.1	132.6	182.4	279.0	379.4	555.0	806.8
성장률(%)								
매출액	19.2	42.0	27.7	40.7	59.9	41.6	45.7	46.4
영업이익	-10.6	58.9	13.8	23.4	81.3	33.6	62.8	54.4
세전이익	14.3	26.2	31.2	37.0	53.2	39.5	–	–
당기순이익	14.9	25.9	31.2	37.6	53.0	36.0	46.3	45.4
마진율(%)								
영업이익	17.4	19.4	17.3	15.2	17.2	16.2	18.1	19.1
세전이익	26.1	23.2	23.8	23.2	22.2	21.9	–	–
당기순이익	26.1	23.2	23.8	23.3	22.3	21.4	21.5	21.3

ⓦ 온라인교육 : 전통교육

■ 기업 개요

- **기업명(중문)** : 广东全通教育股份有限公司
- **기업명(영문)** : Guangdong Qtone Education Co., Ltd
- **코드번호** : 300359.SZ
- **소속지역** : 광둥성
- **소속산업** : IT서비스
- **주요사업** : 온라인교육
- **홈페이지** : www.qtone.cn
- **본사주소** : 广东省中山市东区库充大街一号综合商业楼第五层
- **설립일** : 2005년 06월 09일
- **상장일** : 2014년 01월 21일
- **종업원수** : 916명
- **구분** : 온라인교육 관련주, 차스닥 관련주

全通教育

● 전통교육 매출액 추이

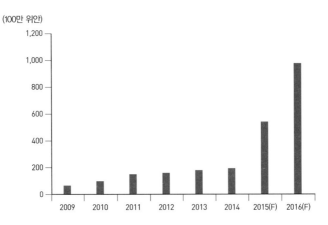

(100만 위안)

● 전통교육 순이익 추이

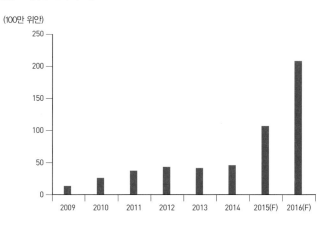

(100만 위안)

● 전통교육 주가추이

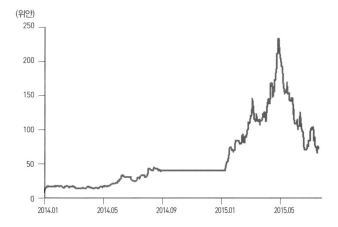

(위안)

● 전통교육 실적추이 및 전망

(단위 : 100만 위안)

	2010	2011	2012	2013	2014	2015(E)	2016(E)
매출액	100.3	142.5	156.6	172.3	192.6	545.1	978.3
영업이익	31.1	40.7	46.0	48.3	46.7	133.1	266.8
세전이익	27.5	37.2	43.7	42.0	44.9	–	–
당기순이익	27.5	37.2	43.7	42.0	44.9	107.8	207.7
성장률(%)							
매출액	59.0	42.1	9.9	10.0	11.8	183.0	79.5
영업이익	93.2	30.9	13.0	5.0	-3.3	185.0	100.5
세전이익	102.2	35.3	17.5	-3.9	6.9	–	–
당기순이익	102.2	35.3	17.5	-3.9	6.9	140.1	92.7
마진율(%)							
영업이익	31.0	28.6	29.4	28.0	24.2	24.4	27.3
세전이익	27.4	26.1	27.9	24.4	23.3	–	–
당기순이익	27.4	26.1	27.9	24.4	23.3	19.8	21.2

💡 민영병원 : 캉메이제약

■ 기업 개요

- 기업명(중문) : 康美药业股份有限公司
- 기업명(영문) : Kangmei Pharmaceutical Co., Ltd
- 코드번호 : 600518.SH
- 소속지역 : 광둥성
- 소속산업 : 제약
- 주요사업 : 제약, 화장품
- 홈페이지 : www.kangmei.com.cn
- 본사주소 : 广东省深圳市福田区下梅林泰科路
- 설립일 : 1997년 06월 18일
- 상장일 : 2001년 03월 19일
- 종업원수 : 6,230명
- 구분 : 우선주 관련주, 민영병원 관련주, 의료개혁 관련주, 후강퉁 관련주

● 캉메이제약 매출비중

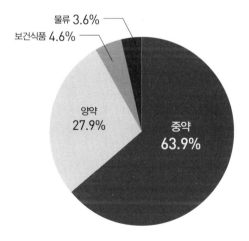

물류 3.6%
보건식품 4.6%
양약 27.9%
중약 63.9%

● 캉메이제약 매출액 추이

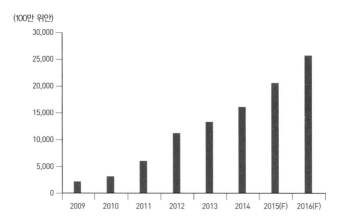

● 캉메이제약 순이익 추이

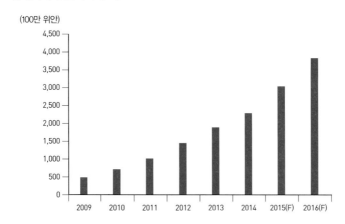

● 캉메이제약 주가추이

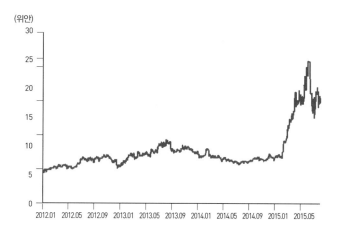

● 캉메이제약 실적추이 및 전망

(단위 : 100만 위안)

	2009	2010	2011	2012	2013	2014	2015(E)	2016(E)
매출액	2,377.2	3,308.8	6,080.5	11,165.2	13,358.7	15,949.2	20,497.9	25,790.8
영업이익	573.5	794.0	1,148.1	1,697.0	2,179.3	2,666.4	3,564.2	4,571.5
세전이익	501.5	715.5	1,005.2	1,441.4	1,880.4	2,285.9	–	–
당기순이익	501.5	715.5	1,005.0	1,441.2	1,879.8	2,285.9	2,999.8	3,836.9
성장률(%)								
매출액	37.6	39.2	83.8	83.6	19.6	19.4	28.5	25.8
영업이익	71.8	38.4	44.6	47.8	28.4	22.4	33.7	28.3
세전이익	70.2	42.7	40.5	43.4	30.5	21.6	–	–
당기순이익	70.2	42.7	40.5	43.4	30.4	21.6	31.2	27.9

마진율(%)								
영업이익	24.1	24.0	18.9	15.2	16.3	16.7	17.4	17.7
세전이익	21.1	21.6	16.5	12.9	14.1	14.3	–	–
당기순이익	21.1	21.6	16.5	12.9	14.1	14.3	14.6	14.9

ⓦ 민영병원 : 복성제약

■ 기업 개요

- **기업명(중문)** : 上海复星医药(集团)股份有限公司
- **기업명(영문)** : Shanghai Fosun Pharmaceutical (Group) Co., Ltd.
- **코드번호** : 600196.SH
- **소속지역** : 상하이시
- **소속산업** : 제약
- **주요사업** : 제약, 화장품
- **홈페이지** : www.fosunpharma.com
- **본사주소** : 上海市宜山路1289号A楼
- **설립일** : 1994년 01월 14일
- **상장일** : 1998년 08월 07일
- **종업원수** : 17,529명
- **구분** : 민영병원 관련주, 의료개혁 관련주, 후강통 관련주

FOSUN PHARMA

● 복성제약 매출비중

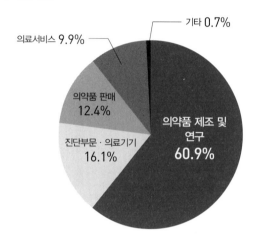

● 중국 내 의약품 및 의료기기 연간 소비규모

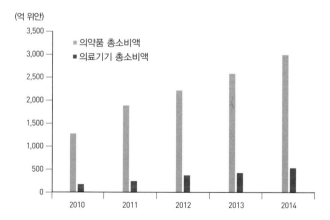

● 복성제약 매출액 추이

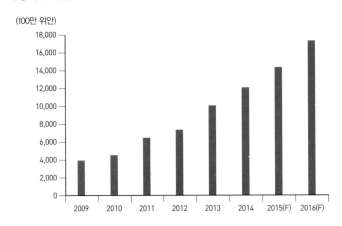

● 복성제약 순이익 추이

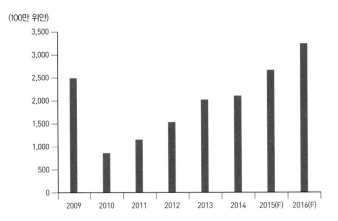

● 복성제약 주가추이

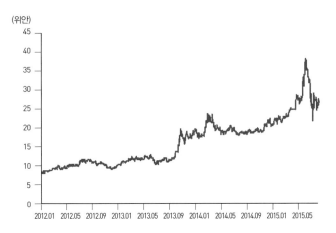

● 복성제약 실적추이 및 전망

(단위 : 100만 위안)

	2009	2010	2011	2012	2013	2014	2015(E)	2016(E)
매출액	3,872.3	4,555.4	6,485.5	7,340.8	9,996.4	12,025.5	14,158.8	17,108.1
영업이익	3,212.0	1,140.5	1,580.5	2,036.0	2,818.8	2,394.3	2,892.5	3,610.3
세전이익	2,564.3	1,000.3	1,384.8	1,839.3	2,399.9	2,369.8	–	–
당기순이익	2,498.2	863.7	1,165.6	1,563.9	2,027.1	2,112.9	2,667.3	3,246.7
성장률(%)								
매출액	2.6	17.6	42.4	13.2	36.2	20.3	17.7	20.8
영업이익	297.7	-64.5	38.6	28.8	38.4	-15.1	20.8	24.8
세전이익	237.0	-61.0	38.4	32.8	30.5	-1.3	–	–
당기순이익	261.6	-65.4	35.0	34.2	29.6	4.2	26.2	21.7

마진율(%)								
영업이익	82.9%	25.0%	24.4%	27.7%	28.2%	19.9%	20.4%	21.1%
세전이익	66.2%	22.0%	21.4%	25.1%	24.0%	19.7%	–	–
당기순이익	64.5%	19.0%	18.0%	21.3%	20.3%	17.6%	18.8%	19.0%

ⓦ 민영병원 및 양로산업 : 아이얼안과

■ 기업 개요

- **기업명(중문)** : 爱尔眼科医院集团股份有限公司
- **기업명(영문)** : Aier Eye Hospital Group Co.,Ltd.
- **코드번호** : 300015.SZ
- **소속지역** : 후난성
- **소속산업** : 의료기기, 서비스
- **주요사업** : 라식수술, 백내장수술, 안과진료, 검사기기, 약품판매
- **홈페이지** : www.aierchina.com
- **본사주소** : 湖南省长沙市芙蓉中路二段198号新世纪大厦4楼
- **설립일** : 2003년 01월 24일
- **상장일** : 2009년 10월 30일
- **종업원수** : 6,86명
- **구분** : 직업교육, 민영병원 관련주, 의료개혁 관련주, 의료기기 관련주, 차스닥 관련주

● 아이얼안과 매출비중

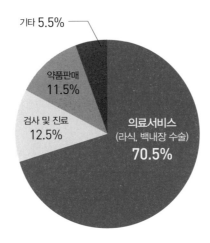

● 아이얼안과 매출액 추이

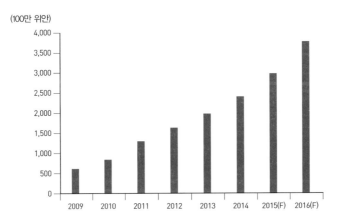

● 아이얼안과 순이익 추이

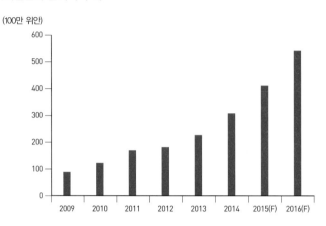

● 아이얼안과 주가추이

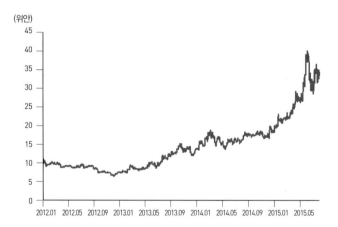

● 아이얼안과 실적추이 및 전망

(단위 : 100만 위안)

	2009	2010	2011	2012	2013	2014	2015(E)	2016(E)
매출액	606.5	864.9	1,310.6	1,640.1	1,985.0	2,402.0	2,997.9	3,766.2
영업이익	123.4	171.0	242.3	252.4	320.4	429.4	560.9	734.7
세전이익	89.9	124.2	171.7	182.1	219.3	312.9	–	–
당기순이익	92.5	120.3	171.9	182.5	223.5	309.2	414.4	543.5
성장률(%)								
매출액	38.1	42.6	51.5	25.1	21.0	21.0	24.8	25.6
영업이익	70.2	38.6	41.7	4.2	26.9	34.0	30.6	31.0
세전이익	50.6	38.2	38.2	6.1	20.4	42.7	–	–
당기순이익	50.7	30.1	42.9	6.2	22.5	38.3	34.0	31.2
마진율(%)								
영업이익	20.3	19.8	18.5	15.4	16.1	17.9	18.7	19.5
세전이익	14.8	14.4	13.1	11.1	11.0	13.0	–	–
당기순이익	15.3	13.9	13.1	11.1	11.3	12.9	13.8	14.4

중국의 물가와 중국인의 물가, 차이나플레이션

세계 금융시장에서는 중국 내 물가에 집중해왔다. 물가수준이 통화정책과 직결되기 때문이다. 2015년 3월 1일부로 단행된 금리인하 역시 저물가가 뒷받침되어야 가능한 정책이다. 2015년 1월 중국의 소비자물가지수는 전년동기대비 0.8% 상승했다. 5년 2개월 만에 나타난 최저치로 시장에서는 심심치 않게 디플레이션 우려도 제기할 정도다.

조금 더 피부에 와 닿는 실질적인 물가수준을 살펴보자. 중국에서 가공하지 않는 먹거리(채소, 달걀, 고기)는 엄청 싸다. 지역마다 차이는 있지만 평균적으로 최고급 쌀은 10kg에 7천 원, 달걀 1판(30알)은 2천 원 정도 한다. 공산품은 어떨까? 감자칩은 800원, 콜라 500ml가 500원 정도 한다. 또한 조금 쓸 만한 정도의 품질의 냄비는 3만 원, 수건은 한 장에 3천 원 정도다. 물론 훨씬 저렴한 제품도 있지만 중국의 공산품은 품질 대비 가격이 비싼 편이다.

중국을 바라보는 시각이 변해간다. 메이드 인 차이나^{Made in china}에서 메이드 포 차이나^{Made for china}로. 〈별에서 온 그대〉 천송이 립스틱 열풍으로 중국인들의 화장품 수요가 증가하고 있고, 컬러렌즈 등 기타 소비품도 수요가 늘면서 관련 기업들의 매출에 상당히 긍정적인 영향을 준다. 의류나 2차 식품 등의 소비품들도 같은 맥락이다.

그런데 부작용도 있다. 이른바 차이나플레이션^{china-flation}이다. 2015년 초에 중국 언론에서는 홍콩과 마카오에서 중국인 방문객 수를 제한할 수도 있다는 보도를 했다. 이유는 중국 상인들과 관광객들의 생필품 사재기로 홍콩·마카오의 물가상승 압박이 높다는 것이다. 부동산 시장도 마찬가지다. 호주에서는 중국인들의 부동산 구매가 1년 만에 60%나 증가한 것으로 집계되었고, 미국에서도 외국인 부동산 거래에서 중국인들이 차지하는 비중이 25%에 달하는 수준으로 나타났다. 사실 우리나라 제주도 역시 중국인들의 투자가 몰리고 있어 땅값이 고공행진 중이다. 앞으로 중국인들의 개인소득이 증가하고 문화수준이 향상되면서 웰빙제품이나 고급의류 등에도 차이나플레이션이 확산될 것으로 보인다. 아직까지 크게 문제가 되고 있진 않지만, 이는 시간문제이다. 이제부터는 '중국의 물가' 뿐만 아니라, '중국인들의 물가'에도 주목해야 한다.

중국주식,
시진핑의 정책에 투자하라

초판 1쇄 발행 2015년 10월 30일
초판 2쇄 발행 2016년 1월 20일

지은이 김선영
펴낸이 이형도

펴낸곳 (주)이레미디어
전화 031-919-8511
팩스 031-907-8515
주소 경기도 고양시 일산동구 무궁화로 20-38 로데오탑 302호
홈페이지 www.iremedia.co.kr
카페 http://cafe.naver.com/iremi
이메일 ireme@iremedia.co.kr
등록 제396-2004-35호

책임편집 최연정
디자인 박정현
마케팅 신기탁

ISBN 979-11-86588-71-0 03320

· 책값은 뒤표지에 있습니다.
· 잘못된 책은 구입하신 서점에서 교환해드립니다.

이 책은 투자참고용이며, 투자 손실에 대해서는 법적 책임을 지지 않습니다.

이 도서의 국립중앙도서관 출판예정도서목록(CIP)은 서지정보유통지원시스템 홈페이지
(http://seoji.nl.go.kr)와 국가자료공동목록시스템(http://www.nl.go.kr/kolisnet)에서
이용하실 수 있습니다.(CIP제어번호: CIP2015026743)